27Davvero in questa città *hanno fatto congiura* con-
tro il tuo santo servo Gesù, *da te consacrato*, Erode e
Ponzio Pilato con i *pagani e i popoli* d'Israele, 28per
compiere quanto la tua mano e la tua volontà avevano
stabilito che avvenisse. 29Ed ora, Signore, guarda dal-
l'alto le loro minacce e da' ai tuoi servi di proclamare
con pieno coraggio la tua parola, 30stendendo la tua
mano perché si compiano guarigioni, miracoli e pro-
digi nel nome del tuo santo servo Gesù».
31Mentre pregavano, il luogo in cui erano radunati
si scosse, furono riempiti tutti di Spirito Santo e pro-
clamavano la parola di Dio con pieno coraggio.

Comunione di cuori e di beni. - 32La moltitudine di
coloro che avevano abbracciato la fede aveva un cuo-
re e un'anima sola. Non v'era nessuno che ritenesse
cosa propria alcunché di ciò che possedeva, ma tutto
era fra loro comune. 33Con grandi segni di potenza gli
apostoli rendevano testimonianza alla risurrezione
del Signore Gesù. Erano tutti circondati da grande be-
nevolenza. 34Non c'era infatti tra loro alcun bisogno-
so: poiché quanti possedevano campi o case, li vende-
vano e portavano il ricavato delle vendite 35mettendo-
lo ai piedi degli apostoli. Veniva poi distribuito a cia-
scuno secondo che ne aveva bisogno.

Generosità di Bàrnaba. - 36Anche Giuseppe, chiama-
to dagli apostoli Bàrnaba, che vuol dire «figlio di con-
solazione», levita, nativo di Cipro, 37essendo in pos-
sesso di un campo, lo vendette, e andò a deporre il
prezzo ai piedi degli apostoli.

5 **Avarizia di Anania e Saffira.** - 1Invece un uomo di
nome Anania, con sua moglie Saffira, vendette un

suo podere [2]e, d'accordo con la moglie, trattenne per
sé una parte del prezzo e andò a deporre l'altra parte
ai piedi degli apostoli. [3]Pietro disse: «Anania, come
mai Satana ti ha riempito il cuore fino a cercare d'in-
gannare lo Spirito Santo e trattenerti parte del prezzo
del campo? [4]Non era forse tuo prima di venderlo e il
ricavato della vendita non era forse a tua disposizio-
ne? Come mai hai potuto pensare in cuor tuo a un'a-
zione simile? Non hai mentito a uomini, ma a Dio!».
[5]All'udire queste parole Anania cadde a terra morto. E
un grande spavento s'impadronì di tutti quelli che sta-
vano ascoltando. [6]Subito alcuni giovani si mossero per
avvolgerlo e portarlo a seppellire. [7]Or circa tre ore do-
po si presentò anche sua moglie, senza sapere ciò che
era avvenuto. [8]Pietro le domandò: «Dimmi, è per tan-
to che avete venduto il campo?». Ella rispose: «Sì, per
questo prezzo». [9]Pietro le disse: «Perché vi siete ac-
cordati per tentare lo Spirito del Signore? Ecco alla
porta i passi di coloro che hanno sepolto tuo marito:
porteranno via anche te». [10]Ella gli cadde improvvisa-
mente ai piedi, morta. Quei giovani, entrati, la trova-
rono morta e la portarono a seppellire vicino a suo
marito. [11]Un grande spavento si diffuse per tutta la
Chiesa e in tutti coloro che ascoltavano queste cose.

Miracoli degli apostoli. - [12]Per mano degli apostoli
avvenivano molti miracoli e prodigi in mezzo al popo-
lo. Tutti stavano insieme uniti e concordi nel portico
di Salomone. [13]Nessuno degli altri osava unirsi ad es-

---

5. - [3-4.] Mentire agli apostoli era mentire allo Spirito Santo che per essi parlava e operava; Anania mentiva fingendo di dare tutto, riservandosi invece, ipocritamente, parte della vendita. Il rimprovero mostra che la rinunzia ai beni non era obbligatoria, ma spontaneo atto di carità.

si, ma il popolo ne faceva grandi lodi. 14Sempre più
andava aumentando il numero dei credenti nel Signo-
re, una moltitudine di uomini e di donne, 15tanto che
i malati venivano portati nelle piazze e posti su lettini
e barelle perché, quando Pietro passava, almeno la
sua ombra ricoprisse qualcuno di loro. 16La folla con-
fluiva anche dalle città attorno a Gerusalemme, por-
tando malati e persone tormentate da spiriti immon-
di, i quali tutti venivano guariti.

Gli apostoli di fronte al sinedrio. - 17Allora si mosse-
ro il sommo sacerdote e tutti i suoi aderenti, cioè la
setta dei sadducei. Pieni di gelosia 18misero le mani
sugli apostoli e li chiusero nel carcere pubblico. 19Ma
un angelo del Signore di notte aprì le porte della pri-
gione, li condusse fuori e disse: 20«Andate e mettetevi
nel tempio a predicare al popolo tutta questa dottrina
di vita». 21Udito ciò, entrarono di buon mattino nel
tempio e insegnavano.

Intanto sopraggiunsero il sommo sacerdote e i suoi
aderenti e convocarono il sinedrio e tutto il senato dei
figli d'Israele. Quindi mandarono (dei messi) alla prigio-
ne a prelevarli. 22Ma questi, giunti colà, non li trovaro-
no nella prigione. Tornati indietro, riferirono ciò dicen-
do: 23«Abbiamo trovato la prigione chiusa con ogni cau-
tela e le guardie in piedi davanti alle porte. Ma quando
le abbiamo aperte, non abbiamo trovato dentro nessu-
no». 24Udite queste parole, il comandante del tempio e
i sommi sacerdoti si domandavano turbati come ciò sa-
rebbe andato a finire. 25Ma qualcuno, sopraggiunto in
quel momento, annunciò loro: «Ecco, gli uomini che
avete messo in prigione stanno nel tempio e istruisco-
no il popolo». 26Allora il comandante del tempio uscì
con le guardie e li ricondusse, non però con la forza,
poiché avevano paura di essere lapidati dal popolo.

27Condottili nel sinedrio, li posero in mezzo e il
sommo sacerdote li interrogò: 28«Non vi abbiamo for-
se formalmente ordinato di non insegnare più in que-
sto nome? Ed ecco, avete riempito Gerusalemme del
vostro insegnamento e volete far ricadere su di noi il
sangue di quest'uomo».

29Ma Pietro e gli apostoli risposero: «Bisogna ubbi-
dire a Dio piuttosto che agli uomini. 30Il Dio dei no-
stri padri ha risuscitato Gesù che voi avete ucciso so-
spendendolo a un legno. 31Dio lo ha innalzato con la
sua destra come capo supremo e salvatore per conce-
dere a Israele la conversione e la remissione dei pec-
cati. 32Di queste cose siamo testimoni noi e lo Spirito
Santo che Dio ha dato a coloro che gli obbediscono».

33Ma quelli, udendo queste cose, si esasperarono e
volevano ucciderli. 34Allora si alzò nel sinedrio un fa-
riseo di nome Gamaliele, dottore della legge, onorato
da tutto il popolo, e richiese che quegli uomini fosse-
ro condotti fuori un momento. 35Poi disse loro:
«Israeliti, riflettete bene su ciò che state per fare di
questi uomini. 36Infatti tempo fa venne fuori Teuda,
che si spacciava per un personaggio straordinario, e
gli andò dietro un gran numero di uomini, quasi quat-
trocento. Ma quando fu ucciso, tutti i suoi aderenti
furono dispersi e si ridussero a nulla. 37Dopo di lui
saltò fuori Giuda il Galileo, nei giorni del censimento,
e trascinò il popolo dietro di sé. Ma anch'egli finì ma-
le e tutti i suoi aderenti furono dispersi. 38Or dunque
io vi dico: non impicciatevi di questi uomini e lascia-
teli fare. Perché se questo è un progetto o un'impresa
messa su dagli uomini, sarà distrutta; 39ma se viene
da Dio, non potrete annientarli: guardatevi dal farvi
trovare in lotta con Dio!». Si attennero al consiglio
40e, fatti chiamare gli apostoli, li fecero percuotere e
comandarono loro di non parlare più nel nome di Ge-

sù. Quindi li rilasciarono. [41]Essi se ne andavano via
dal sinedrio lieti perché erano stati fatti degni di subi-
re oltraggi per il nome. [42]E ogni giorno, nel tempio e
per le case, non cessavano di insegnare e di annun-
ciare la buona novella del Cristo Gesù.

6 **I Dodici e i Sette.** - [1]In quei giorni, moltiplican-
dosi il numero dei discepoli, gli ellenisti inco-
minciarono a mormorare contro gli Ebrei perché
nella distribuzione quotidiana le loro vedove veniva-
no trascurate. [2]Allora i Dodici, radunata l'assemblea
dei discepoli, dissero: «Non sta bene che noi trascu-
riamo la parola di Dio per servire alle mense. [3]Cer-
cate piuttosto in mezzo a voi, o fratelli, sette uomini
di buona fama, pieni di spirito e di sapienza, che noi
preporremo a questo servizio. [4]Così noi ci dediche-
remo pienamente alla preghiera e al ministero della
parola». [5]Questa proposta piacque a tutta l'assem-
blea, e scelsero Stefano, uomo pieno di fede e di Spi-
rito Santo, Filippo, Pròcoro, Nicànore, Timòne, Par-
menàs e Nicola, proselito di Antiochia. [6]Li presenta-
rono agli apostoli e, dopo aver pregato, imposero lo-
ro le mani.

[7]Intanto la parola di Dio si diffondeva e si moltipli-
cava grandemente il numero dei discepoli in Gerusa-
lemme; anche gran folla di sacerdoti aderiva alla fede.

---

6. - [3.] *Cercate*: gli apostoli vogliono anzitutto che i fedeli stessi facciano la scelta, e ne indicano le condizioni; essi, poi, comunicheranno incarico e autorità (v. 6).

[6.] È la prima volta che viene notata *l'imposizione delle mani* come rito d'ordinazione. Con l'imposizione delle mani e con la preghiera, gli apostoli conferiscono l'autorità e la grazia del ministero agli eletti della comunità.

Accuse contro Stefano. - [8]Stefano, pieno di grazia e
di potenza, faceva grandi prodigi e miracoli in mezzo
al popolo. [9]Si levarono alcuni della sinagoga detta dei
liberti, dei Cirenei, degli Alessandrini, di quelli di Ci-
licia e d'Asia e si misero a disputare con Stefano.
[10]Ma non potevano tener testa alla sapienza e allo spi-
rito con cui egli parlava. [11]Allora misero su degli indi-
vidui che dissero: «Abbiamo udito costui mentre pro-
nunciava parole blasfeme contro Mosè e contro Dio»,
[12]ed eccitarono il popolo, gli anziani e gli scribi. Gli si
fecero addosso, lo presero con violenza e lo condusse-
ro al sinedrio. [13]Poi produssero falsi testimoni che di-
cevano: «Quest'uomo non la smette di dire parole of-
fensive contro questo luogo santo e contro la legge.
[14]Lo abbiamo infatti udito dire che quel Gesù Nazare-
no distruggerà questo luogo e cambierà le leggi che ci
ha tramandato Mosè». [15]E guardando fisso verso lui,
tutti quelli che erano seduti nel sinedrio videro il suo
viso come il viso d'un angelo.

7 **Discorso di Stefano.** - [1]Allora il sommo sacerdote
domandò: «Le cose stanno davvero così?». [2]Ma
egli rispose: «Fratelli e padri, ascoltate. Il *Dio della
gloria* apparve al nostro padre Abramo, mentre era in
Mesopotamia, prima che abitasse in Carran, [3]*e gli dis-
se*: "*Esci dalla tua terra, lascia la tua parentela e va'
nella regione che io ti mostrerò*". [4]Allora uscì dalla
terra dei Caldei e pose dimora in Carran. Di là, dopo
la morte di suo padre, Dio lo trasferì in questa regio-
ne nella quale ora voi abitate. [5]E qui non gli diede in
eredità *neppure lo spazio da posarvi un piede*, ma
promise *di darla in possesso a lui, alla sua discenden-
za dopo di lui*, benché non avesse figli. [6]Parlò dunque
Dio così: "*La sua discendenza dovrà soggiornare in*

terra straniera e la ridurranno in servitù e la maltrat-
teranno per quattrocento anni. [7]*Ma il popolo di cui*
essi saranno schiavi io lo giudicherò, disse il Signore,
e dopo queste vicende usciranno e mi daranno culto
in questo luogo". [8]Poi gli diede il *patto della circonci-*
sione, e così egli generò Isacco e *lo circoncise l'otta-*
vo giorno, e Isacco generò Giacobbe, e Giacobbe i do-
dici patriarchi.

[9]I patriarchi *per invidia vendettero Giuseppe*, che
fu condotto *in Egitto. Ma Dio era con lui* [10]e lo trasse
fuori da tutte le sue tribolazioni *e gli diede grazia* e
sapienza *di fronte al faraone, re di Egitto, che lo co-*
stituì governatore dell'Egitto e di tutta la sua casa.
[11]*Sopraggiunse poi una carestia su tutto l'Egitto e su*
Canaan. La penuria era grande e i nostri padri non
trovavano nutrimento. [12]*Allora Giacobbe, avendo sa-*
puto che in Egitto c'era del grano, vi mandò una pri-
ma volta i nostri padri. [13]E la seconda volta Giuseppe
si fece riconoscere dai suoi fratelli e il faraone conob-
be di che stirpe era Giuseppe. [14]Allora Giuseppe
mandò a chiamare suo padre Giacobbe e tutta la fami-
glia, *in tutto settantacinque persone*. [15]E Giacobbe *di-*
scese in Egitto, dove morì lui e i nostri padri. [16]*Essi*
furono trasferiti a Sichem e deposti nel sepolcro che
Abramo aveva comprato a prezzo d'argento dai figli di
Emor, in Sichem. [17]Avvicinandosi il tempo della pro-
messa che Dio aveva fatto solennemente ad Abramo,
il popolo *si accrebbe e si moltiplicò* in Egitto, [18]finché
sorse in Egitto un altro re che non conosceva Giusep-
pe. [19]Costui, *usando astuzia e malizia verso la nostra*
stirpe, oppresse i padri e li costrinse a esporre i loro
bambini, perché non *sopravvivessero*. [20]In quel tem-
po nacque Mosè, e fu gradito a Dio. *Egli fu nutrito*
per tre mesi nella casa di suo padre [21]e, quando fu
esposto, *la figlia del faraone lo raccolse* e lo nutrì *co-*

me suo figlio. 22Mosè fu educato secondo la sapienza
degli Egiziani ed era potente in parole e in opere.
23Quando giunse all'età di quarant'anni, sentì il desi-
derio di visitare i *suoi fratelli, i figli di Israele*. 24E ve-
dendo un tale che veniva maltrattato, lo difese e fece
vendetta dell'oppresso *uccidendo l'egiziano*. 25Egli
pensava che i suoi fratelli avrebbero capito che Dio
per suo mezzo intendeva dare ad essi salvezza. Ma es-
si non compresero. 26Il giorno seguente comparve in
mezzo a loro mentre litigavano e cercava di riconci-
liarli e di rappacificarli dicendo: "Uomini, siete fratel-
li: perché vi fate torto l'un l'altro?". 27*Ma colui che
stava facendo torto al suo prossimo* lo respinse dicen-
do: "*Chi ti ha posto capo e giudice su di noi?* 28*Vuoi
forse uccidermi, come hai ucciso ieri l'egiziano?*".
29*A queste parole Mosè fuggì e andò ad abitare in
Madian*, dove ebbe due figli.

30Quarant'anni dopo *gli apparve nel deserto del
monte Sinai un angelo tra le fiamme d'un roveto ar-
dente*. 31A quella visione Mosè rimase stupito, e men-
tre si avvicinava per vedere meglio, si udì una voce
del Signore: 32"*Io sono il Dio dei tuoi padri, il Dio di
Abramo, di Isacco e di Giacobbe*". Tutto tremante
Mosè non osava alzare lo sguardo. 33*Ma il Signore gli
disse: "Lévati i calzari dai piedi, perché il luogo in
cui stai è terra santa*. 34*Ho visto i maltrattamenti subi-
ti dal mio popolo in Egitto, ho udito i loro gemiti e
sono disceso per liberarli; e ora vieni, ché io voglio
mandarti in Egitto*".

35Proprio quel Mosè, che essi avevano rinnegato di-
cendo: "Chi ti ha costituito capo e giudice?", proprio
lui Dio lo mandò come capo e salvatore, per mezzo
dell'angelo che gli era apparso nel roveto. 36Egli li fe-
ce uscire, operando *prodigi e miracoli nella terra d'E-
gitto*, nel Mar Rosso e *nel deserto, per quarant'anni*.

[37]Egli è quel Mosè che disse ai figli d'Israele: "Un pro-
feta vi susciterà il Signore di tra i vostri figli, come
me". [38]Egli è colui che nell'assemblea del deserto fu
intermediario fra l'angelo che gli parlava sul monte
Sinai e i nostri padri. Egli ricevette le parole di vita
per darle a noi. [39]Ma a lui non vollero ubbidire i no-
stri padri, anzi lo respinsero *e rivolsero* i loro cuori
verso l'Egitto, [40]*dicendo ad Aronne: "Facci degli dèi
che camminino davanti a noi: infatti a quel Mosè che
ci ha condotto fuori della terra di Egitto non sappia-
mo che cosa sia accaduto"*. [41]E si *fecero un vitello* in
quei giorni, e *offrirono un sacrificio* a quest'idolo e si
rallegravano per l'opera delle loro mani. [42]Allora Dio
li abbandonò e lasciò che si dedicassero ai *culti astra-
li*, come è scritto nel libro dei profeti:

Mi avete forse offerto vittime e sacrifici
per quarant'anni nel deserto,
casa d'Israele?
[43]*Avete piuttosto portato*
a spalle la tenda di Moloch
e la stella del dio Refàn,
simulacri che vi siete fatti per adorarli.
Perciò io vi deporterò
al di là di Babilonia.

[44]I nostri padri nel deserto avevano *la tenda della
testimonianza*, come aveva disposto colui che *aveva
detto a Mosè di farla secondo il modello che aveva vi-
sto*. [45]Questa tenda così ricevuta i nostri padri la in-
trodussero con Giosuè *nel territorio occupato* dai pa-
gani che Dio cacciò davanti ai nostri padri: così rima-
se fino ai giorni di Davide. [46]Egli trovò grazia presso
Dio e chiese di *poter trovare un'abitazione per il Dio
di Giacobbe*. [47]*Ma* fu *Salomone* che *gli costruì una ca-*

sa. 48Ma l'Altissimo non abita in edifici eretti da ma-
no d'uomo, come dice il profeta:

49*Il cielo è il mio trono*
e la terra sgabello dei miei piedi.
Quale casa potrete mai edificarmi,
dice il Signore,
o quale sarà il luogo del mio riposo?
50*Non fu forse la mia mano*
che ha fatto tutte queste cose?

51*Testardi* e *incirconcisi di cuore* e *d'orecchi*, voi
sempre *resistete allo Spirito Santo*: come i vostri pa-
dri così anche voi. 52Qual è quel profeta che i vostri
padri non hanno perseguitato? Hanno ucciso quelli
che annunciavano la venuta del Giusto, di cui ora
voi siete stati traditori e assassini, 53voi che avete ri-
cevuto la legge per ministero di angeli e non l'avete
osservata!».
54Ascoltando queste cose si rodevano il fegato dalla
rabbia e digrignavano i denti contro di lui.

Visione di Stefano e sua lapidazione. - 55Ma egli,
pieno di Spirito Santo, guardando fisso verso il cielo
vide la gloria di Dio e Gesù che stava in piedi alla de-
stra di Dio, 56e disse: «Ecco, vedo i cieli aperti e il Fi-
glio dell'uomo che sta in piedi alla destra di Dio».
57Allora gridando a gran voce si turarono le orec-
chie e si scagliarono tutti insieme contro di lui, e trat-
tolo fuori della città lo lapidavano. 58I testimoni depo-
sero le loro vesti ai piedi di un giovane chiamato Sau-
lo. 59E lapidavano Stefano che pregava e diceva: «Si-
gnore Gesù, accogli il mio spirito». 60Messosi in gi-
nocchio, gridò a gran voce: «Signore, non imputare
loro questo peccato». E, detto questo, si addormentò.

8 [1]E Saulo approvava l'uccisione di Stefano.

Persecuzione della Chiesa. - In quel giorno si sca-
tenò una grande persecuzione contro la Chiesa che
era in Gerusalemme. Tutti si dispersero nelle campa-
gne della Giudea e della Samaria, ad eccezione degli
apostoli. [2]Alcune pie persone seppellirono Stefano e
fecero per lui un grande lutto. [3]Saulo intanto devasta-
va la Chiesa: entrava nelle case, trascinava fuori uo-
mini e donne e li faceva mettere in prigione.

LA CHIESA FUORI DI GERUSALEMME

Il vangelo in Samaria. - [4]Ma quelli che si erano di-
spersi se ne andarono in giro predicando la parola del
vangelo. [5]Così Filippo, giunto in una città della Sama-
ria, annunciò ad essi il Cristo. [6]Le folle seguivano at-
tentamente ciò che diceva Filippo ed erano unanimi
nell'ascoltarlo, vedendo i miracoli che faceva. [7]Infatti
molti di quelli che avevano spiriti immondi gridavano
a gran voce e gli spiriti se ne uscivano; molti paralitici
e zoppi furono curati. [8]Grande fu quindi la gioia in
quella città.
[9]Or già da tempo c'era nella città un uomo di nome
Simone che praticava l'arte magica e faceva strabilia-
re il popolo di Samaria spacciandosi per un personag-
gio straordinario. [10]Tutti, dai più piccoli ai più grandi,
gli davano retta, dicendo: «Questa è la potenza di Dio

---

8. - 3. *Saulo*, il futuro san Paolo, zelante fariseo, s'era messo a disposizione del sinedrio, da cui ebbe l'autorizzazione d'incarcerare i cristiani.

che è chiamata grande». [11]Gli davano ascolto perché
già da molto tempo li aveva fatti strabiliare con le sue
arti magiche. [12]Quando però credettero a Filippo che
annunciava loro la buona novella del regno di Dio e
del nome di Gesù Cristo, uomini e donne si facevano
battezzare. [13]Anche Simone credette e fu battezzato e
si teneva sempre vicino a Filippo: vedendo i grandi
miracoli e i prodigi che avvenivano, ne rimaneva in-
cantato.

Gli apostoli e Simone mago. - [14]Gli apostoli che erano
rimasti in Gerusalemme, quando seppero che la Sama-
ria aveva accolto la parola di Dio, mandarono ad essi
Pietro e Giovanni. [15]Giunti colà, essi pregarono per lo-
ro, affinché ricevessero lo Spirito Santo. [16]Infatti non
era ancora disceso su alcuno di essi, ma soltanto aveva-
no ricevuto il battesimo nel nome del Signore Gesù.
[17]Allora imposero loro le mani e ricevevano lo Spirito
Santo. [18]Simone, vedendo che per l'imposizione delle
mani degli apostoli veniva dato lo Spirito, offrì loro del
denaro [19]dicendo: «Date anche a me questo potere, co-
sicché colui a cui io imporrò le mani possa ricevere lo
Spirito Santo». [20]Ma Pietro gli rispose: «Alla malora tu
e il tuo denaro, poiché hai creduto che si potesse com-
perare col denaro il dono di Dio. [21]Non vi è parte alcu-
na per te in tutto ciò, perché *il* tuo *cuore non è retto
davanti a Dio*. [22]Péntiti dunque di questa tua malvagità
e prega il Signore che ti voglia perdonare questa inten-
zione del tuo cuore. [23]Infatti vedo che tu ti trovi im-
merso in *fiele amaro* e avvolto *in legami di iniquità*».

[24]Allora Simone rispose: «Pregate voi per me il Si-
gnore, perché non mi capiti nulla di ciò che avete det-
to». [25]Essi poi, dopo aver reso testimonianza e aver
predicato la parola del Signore, ritornarono a Gerusa-
lemme, evangelizzando molti villaggi dei Samaritani.

Filippo e l'etiope. - [26]Un angelo del Signore così parlò a Filippo: «Àlzati e cammina verso mezzogiorno, lungo la strada che scende da Gerusalemme a Gaza; essa è deserta». [27]E, alzatosi, si pose in cammino. Ed ecco che un etiope, eunuco e alto ufficiale di corte della regina degli Etiopi Candace, sovrintendente di tutti i suoi tesori, che era venuto a Gerusalemme per fare adorazione, [28]se ne stava ritornando e, seduto sul suo carro, leggeva il profeta Isaia. [29]Lo Spirito disse a Filippo: «Àvvicinati e accompagnati a quel carro». [30]Filippo si mise a correre e, sentendo che quello leggeva il profeta Isaia, disse: «Capisci quello che leggi?». [31]E quegli rispose: «Come potrei, se nessuno mi fa da guida?». E pregò Filippo di salire e di sedersi accanto a lui. [32]Il passo della Scrittura che stava leggendo era il seguente:

Come una pecora fu condotto al macello
e come un agnello,
muto, di fronte a chi lo tosa,
così non apre la sua bocca.
[33]*Nella sua umiliazione*
il giudizio gli è stato negato.
Chi narrerà la sua generazione?
Perché la sua vita
è eliminata dalla terra.

[34]Rivoltosi a Filippo l'eunuco disse: «Ti prego, di chi dice il profeta queste cose? Di se stesso oppure di

---

32. Is 53,7-8 paragona il Servo di Jhwh a un agnello condotto al macello, muto davanti a chi lo priva della vita. Questo atteggiamento tenne anche Gesù nel momento della sua condanna a morte per la redenzione dell'umanità.

un altro?». [35]Allora Filippo, prendendo la parola e co-
minciando da questo passo della Scrittura, gli annun-
ciò la buona novella di Gesù. [36]Strada facendo venne-
ro dove c'era dell'acqua, e l'eunuco disse: «Ecco del-
l'acqua, che cosa impedisce che io sia battezzato?».
[37]. [38]E comandò al carro di fermarsi. Entrambi sce-
sero nell'acqua, Filippo e l'eunuco, e lo battezzò.
[39]Quando risalirono dall'acqua, lo Spirito del Signore
rapì Filippo e l'eunuco non lo vide più. E proseguiva
per la sua strada, pieno di gioia. [40]Quanto a Filippo, si
trovò che era in Azoto e percorreva evangelizzando
tutte le città, finché giunse in Cesarea.

9 **Conversione e battesimo di Saulo.** - [1]Saulo intan-
to, che ancora spirava minacce e strage contro i
discepoli del Signore, si presentò al sommo sacerdote
[2]e gli chiese lettere per le sinagoghe di Damasco, per
essere autorizzato, se avesse trovato dei seguaci della
Via, uomini e donne, a condurli legati a Gerusalem-
me. [3]Strada facendo, mentre stava avvicinandosi a
Damasco, d'improvviso una luce dal cielo gli sfolgorò

---

[37]. Il v. manca nel testo greco: probabilmente è un'aggiunta contenente un'antica formula di fede battesimale. Si trova, invece, nel testo latino che dice così: «Filippo rispose: "Se credi di tutto cuore, si può". L'eunuco disse: "Io credo che Gesù Cristo è Figlio di Dio"».

9. - [2]. *Damasco*: antichissima città, già famosa ai tempi di Abramo (Gn 14,15), a circa 200 km da Gerusalemme, aveva una numerosa colonia ebraica con quartiere a parte, leggi e magistrati propri. Quindi il sommo sacerdote di Gerusalemme esercitava a Damasco la sua autorità sia in materia civile che religiosa. Ecco perché Saulo va a Damasco con autorità contro i Giudei convertiti. Le altre narrazioni della conversione di Paolo sono nei cc. 22 e 26.

d'intorno: [4]caduto a terra, udì una voce che gli diceva: «Saulo, Saulo, perché mi perseguiti?». [5]Egli rispose: «Chi sei, o Signore?». E quegli: «Io sono Gesù che tu perseguiti; [6]ma àlzati in piedi, entra nella città e ti sarà detto ciò che devi fare». [7]Gli uomini che viaggiavano con lui stavano senza parola, poiché udivano il suono della voce ma non vedevano nessuno. [8]Saulo si alzò da terra e, aperti gli occhi, non poteva vedere nulla. Allora, prendendolo per mano, lo condussero a Damasco. [9]Stette ivi tre giorni senza vedere: non mangiò né bevve.

[10]Ora c'era a Damasco un discepolo di nome Anania e il Signore gli disse in visione: «Anania!». Egli rispose: «Eccomi, Signore!». [11]E il Signore a lui: «Àlzati e va' nel vicolo chiamato Diritto e cerca, nella casa di Giuda, un uomo di Tarso di nome Saulo: eccolo infatti che sta pregando [12]e ha visto in visione un uomo di nome Anania entrare e imporgli le mani perché riacquisti la vista». [13]Anania rispose: «Signore, ho udito molti parlare di quest'uomo e di quanto male ha fatto ai tuoi santi in Gerusalemme. [14]E qui ha l'autorizzazione dai sommi sacerdoti di mettere in catene quelli che invocano il tuo nome». [15]Il Signore gli disse: «Va', poiché egli è uno strumento che io mi sono scelto per portare il mio nome davanti ai pagani, ai re e ai figli d'Israele. [16]Io poi gli mostrerò quanto dovrà patire a causa del mio nome». [17]Anania partì, entrò nella casa e imponendogli le mani disse: «Saulo, fratello! È il Signore che mi ha mandato: quel Gesù che ti è apparso sulla strada per cui tu venivi. Mi ha mandato perché

---

5. Gesù prende come fatto a sé ciò che è fatto ai suoi fedeli. È il primo barlume di rivelazione ricevuto da Paolo sul corpo mistico di Cristo.

tu ricuperi la vista e sia riempito di Spirito Santo». [18]E
subito gli caddero dagli occhi come delle scaglie e ri-
prese a vedere. Allora si alzò, fu battezzato, [19]prese ci-
bo e ricuperò le forze.

Predicazione di Saulo a Damasco. - Si trattenne con i
discepoli che erano a Damasco per alcuni giorni [20]e
subito si mise a predicare Gesù nelle sinagoghe procla-
mando: «Questi è il Figlio di Dio!». [21]E tutti coloro che
lo udivano restavano sbalorditi e dicevano: «Non è for-
se lui quello che si è accanito in Gerusalemme contro
coloro che invocano questo nome, ed è venuto qui
proprio per condurli incatenati ai sommi sacerdoti?».
[22]Ma Saulo si animava sempre più e confondeva i Giu-
dei che abitavano in Damasco, sostenendo che costui
è il Cristo. [23]Passati parecchi giorni, i Giudei si accor-
darono per ucciderlo. [24]Ma la loro trama fu resa nota a
Saulo. Essi sorvegliavano anche le porte della città
giorno e notte per ucciderlo. [25]Allora i suoi discepoli lo
presero di notte e lo calarono lungo il muro in una
sporta.

Saulo a Gerusalemme. - [26]Giunto a Gerusalemme,
cercava di associarsi ai discepoli; ma tutti lo temeva-
no, non credendo che fosse un discepolo. [27]Allora
Bàrnaba lo prese con sé, lo condusse dagli apostoli e
raccontò loro come per strada aveva visto il Signore,
il quale gli aveva parlato, e come a Damasco aveva
predicato apertamente nel nome di Gesù. [28]Da allora
restò con loro in Gerusalemme in piena familiarità e
prese coraggio per parlare apertamente nel nome del
Signore. [29]Parlava e disputava con gli ellenisti; ma
quelli tramavano per ucciderlo. [30]I fratelli, venuti a
conoscenza della cosa, lo condussero a Cesarea e lo
fecero partire per Tarso. [31]La Chiesa, intanto, in tutta

la Giudea, la Galilea e la Samaria era in pace e si edi-
ficava e progrediva nel timore del Signore, piena della
consolazione dello Spirito Santo.

Pietro guarisce un paralitico. - 32Or avvenne che Pie-
tro, percorrendo tutte queste regioni, discese anche
presso i santi che abitavano in Lidda. 33Trovò qui un
uomo di nome Enea, che da otto anni giaceva su un
letto, perché era paralitico. 34E Pietro gli disse: «Enea,
Gesù Cristo ti guarisce: sorgi e rifatti da solo il tuo let-
to». E subito si alzò. 35Lo videro tutti quelli che abita-
vano Lidda e la pianura di Saron, e si convertirono al
Signore.

Pietro risuscita una vedova. - 36A Giaffa c'era una di-
scepola di nome Tabità, che significa Gazzella. Essa
faceva molte opere buone e molte elemosine. 37Pro-
prio in quei giorni si ammalò e morì. Lavarono il ca-
davere e lo esposero al piano superiore. 38Essendo
Lidda vicino a Giaffa, i discepoli, saputo che Pietro si
trovava colà, mandarono da lui due uomini pregando-
lo: «Non tardare a venire fino a noi!».

39Pietro si alzò e partì con loro. Quando giunse, lo
condussero al piano superiore e si presentarono a
lui tutte le vedove che piangevano e gli mostravano
le tuniche e le vesti che Gazzella faceva quando era
ancora con loro. 40Pietro allora fece uscire tutti e po-
stosi in ginocchio pregò. Rivolto al cadavere disse:
«Tabità, àlzati!». Ella aprì gli occhi e, veduto Pietro,
si pose a sedere. 41Egli, dandole la mano, la fece al-
zare. Poi chiamò i santi e le vedove e la presentò lo-
ro viva. 42Questo fatto fu risaputo in tutta Giaffa e
molti credettero nel Signore. 43Egli rimase in Giaffa
parecchi giorni, in casa di un certo Simone conciato-
re di pelli.

10 **Visione di Cornelio.** - 1A Cesarea c'era un uo-
mo chiamato Cornelio, centurione della coorte
detta Italica, 2pio e timorato di Dio, come tutti quelli
della sua casa; faceva molte elemosine al popolo e
pregava Dio continuamente. 3Egli vide chiaramente
in visione, verso l'ora nona del giorno, un angelo del
Signore entrare nella sua stanza e dirgli: «Cornelio!».
4Egli lo guardò e preso da timore disse: «Che c'è, Si-
gnore?». Quello gli rispose: «Le tue preghiere e le tue
elemosine sono salite al cospetto di Dio e sono ricor-
date. 5Ora manda alcuni uomini a Giaffa e fa' venire
un certo Simone, soprannominato Pietro. 6Costui è
ospite presso un certo Simone conciatore, che ha una
casa presso il mare». 7Quando l'angelo che gli aveva
parlato se ne fu andato, chiamati due dei suoi servi di
casa e un soldato pio, tra i più fedeli, 8raccontò loro
ogni cosa e li mandò a Giaffa.

Visione di Pietro. - 9Il giorno dopo, mentre essi erano
in cammino e si avvicinavano alla città, Pietro si recò
sul terrazzo verso l'ora sesta per pregare. 10A un certo
momento sentì fame e desiderava prendere cibo.
Mentre gliene preparavano, andò in estasi. 11Vide il
cielo aperto e un oggetto strano che ne discendeva,
come una grande tovaglia che per i quattro capi veni-
va calata verso terra. 12In essa si trovavano ogni sorta
di quadrupedi, di rettili della terra e di volatili del cie-
lo. 13E risuonò una voce che gli diceva: «Orsù, Pietro,
uccidi e mangia!». 14Ma Pietro disse: «Giammai, o Si-
gnore, poiché non ho mai mangiato nulla di profano e
di immondo». 15La voce si fece sentire una seconda
volta per dirgli: «Ciò che Dio ha purificato, tu non
chiamarlo immondo». 16Questo avvenne per tre vol-
te, poi d'un tratto l'oggetto fu portato su verso il cie-
lo.

Pietro si reca da Cornelio. - 17Mentre Pietro se ne
stava perplesso sul significato della visione avuta, ec-
co che gli uomini mandati da Cornelio, informatisi
sulla casa di Simone, si presentarono al portone.
18Chiamarono e domandarono se fosse alloggiato là
Simone soprannominato Pietro. 19Mentre Pietro ri-
fletteva sulla visione, lo Spirito gli disse: «Ecco, tre
uomini ti cercano: 20Àlzati, discendi e va' con loro
senza esitare, poiché sono io che li ho mandati».
21Pietro discese incontro a quegli uomini e disse: «Ec-
co, sono io colui che cercate. Qual è il motivo per cui
siete qui?». 22Quelli risposero: «Il centurione Corne-
lio, uomo retto e timorato di Dio, che gode di ottima
fama presso tutto il popolo dei Giudei, ha ricevuto
per mezzo di un angelo santo l'ordine di farti venire
nella sua casa e di ascoltare ciò che tu gli dirai». 23Al-
lora Pietro li fece entrare e diede loro ospitalità.

Il giorno seguente si levò e partì con essi, e alcuni
dei fratelli di Giaffa lo accompagnarono. 24Il giorno
dopo entrò in Cesarea. Cornelio li stava aspettando e
aveva convocato i suoi parenti e gli amici intimi.
25Quando Pietro stava per entrare, Cornelio gli andò
incontro, cadde ai suoi piedi e si prostrò davanti a
lui. 26Ma Pietro lo rialzò dicendo: «Àlzati! Anch'io
sono un uomo come te». 27E parlando familiarmente
entrò in casa con lui e trovò molta gente radunata.
28Egli disse loro: «Voi sapete che non è lecito per un
giudeo legarsi a uno straniero o aver contatto con lui.
Ma a me Dio ha insegnato a non chiamare nessun
uomo profano o immondo. 29Perciò, quando sono sta-
to chiamato, sono venuto senza replicare. Ora io vi
domando: per quale ragione mi avete fatto chiama-
re?». 30Cornelio rispose: «Tre giorni fa, verso que-
st'ora, me ne stavo facendo la preghiera dell'ora no-
na nella mia casa, quand'ecco comparirmi davanti un

uomo in fulgida veste [31]che mi dice: "Cornelio, la tua preghiera è stata esaudita e Dio si è ricordato delle tue elemosine. [32]Manda dunque dei messi a Giaffa e fa' chiamare Simone, soprannominato Pietro, che è ospite in casa di Simone il conciatore, presso il mare". [33]Subito, dunque, ho mandato a chiamarti e tu hai fatto bene a venire. Ora noi siamo tutti qui di fronte a Dio, per ascoltare tutte le cose che il Signore ti ha ordinato di dirci».

Discorso di Pietro. - [34]Allora Pietro prese la parola e disse: «In verità mi rendo conto che *Dio non fa differenza di persone*, [35]ma in ogni nazione colui che lo teme e pratica la giustizia è accetto a lui, [36]che *ha mandato la parola* ai figli d'Israele, *evangelizzando la pace* per mezzo di Gesù Cristo: poiché egli è il Signore di tutti. [37]Voi sapete quanto è avvenuto in tutta la Giudea, incominciando dalla Galilea, dopo il battesimo predicato da Giovanni. [38]*Dio ha consacrato in Spirito Santo* e potenza Gesù di Nàzaret, che passò facendo del bene e sanando tutti quelli che erano sotto il potere del diavolo, perché Dio era con lui. [39]Noi siamo testimoni di tutto ciò che egli ha fatto nel paese dei Giudei e in Gerusalemme. Questi è colui che hanno ucciso appendendolo a un legno. [40]Ma Dio lo ha risuscitato il terzo giorno, ha voluto che si manifestasse, [41]non a tutto il popolo, ma a testimoni da Dio prescelti, a noi, che abbiamo mangiato e bevuto con lui dopo la sua risurrezione dai morti. [42]Egli ci ha ordinato di predicare al popolo e di testimoniare che egli è

---

10. - [34-36.] *Dio non fa differenza di persone*: Pietro comprende e fa notare che Dio chiama nella Chiesa Ebrei e pagani, senza fare distinzioni.

stato costituito da Dio giudice dei vivi e dei morti. [43]A
lui tutti i profeti rendono questa testimonianza, che
tutti coloro che credono in lui ricevano nel suo nome
la remissione dei peccati».

Lo Spirito Santo sui pagani. - [44]Pietro non aveva an-
cora finito di dire queste parole che lo Spirito Santo
discese su tutti quelli che ascoltavano la parola. [45]I fe-
deli circoncisi che erano venuti con Pietro si meravi-
gliavano che anche sui pagani si fosse avuta l'effusio-
ne del dono dello Spirito Santo. [46]Infatti li udivano
parlare in lingue e magnificare Dio. Allora Pietro dis-
se: [47]«Chi può impedire di battezzare con l'acqua co-
storo che hanno ricevuto lo Spirito Santo al pari di
noi?». [48]E ordinò che fossero battezzati nel nome di
Gesù Cristo. Allora lo pregarono di fermarsi ancora
alcuni giorni.

11 **Pietro giustifica la sua condotta.** - [1]Gli aposto-
li e i fratelli che abitavano in Giudea udirono
che anche i pagani avevano accolto la parola di Dio.
[2]Perciò, quando Pietro salì a Gerusalemme, i fedeli
circoncisi gli fecero dei rimproveri. [3]Gli dicevano:
«Sei entrato in casa di uomini incirconcisi e hai man-
giato con loro!».
[4]Pietro allora cominciò a raccontare le cose ad essi,
punto per punto, dicendo: [5]«Io me ne stavo pregando

---

45. I Giudei pensavano che i pagani potessero entrare nella Chiesa solo attraverso la legge mosaica, cioè facendosi prima «ebrei»; restarono perciò meravigliati nel vedere che i doni dello Spirito Santo erano dati anche a loro.

11. - 2. Non gli apostoli rimproverano Pietro, ma i *fedeli circoncisi* (cfr. nota a 10,45).

nella città di Giaffa quando, rapito in estasi, vidi una
visione: qualcosa che scendeva dal cielo come una
grande tovaglia calata per i quattro capi, che giunse
fino a me. 6La guardai, la esaminai e dentro vidi qua-
drupedi della terra, fiere, rettili e volatili del cielo.
7Udii anche una voce che mi diceva: "Orsù, Pietro,
uccidi e mangia". 8Ma io dissi: "Giammai, o Signore,
poiché mai nulla di profano o di immondo è entrato
nella mia bocca". 9Ma la voce mi disse una seconda
volta dal cielo: "Ciò che Dio ha purificato tu non
chiamarlo impuro!". 10Ciò si ripeté per tre volte, poi
tutto fu ritirato di nuovo in cielo. 11Ed ecco che subi-
to tre uomini si presentarono alla casa in cui ci trova-
vamo, venuti con un messaggio per me da Cesarea.
12Lo Spirito mi disse di andare con loro senza esita-
zione. Vennero con me anche questi sei fratelli ed
entrammo nella casa di quell'uomo. 13Egli ci narrò
come aveva visto un angelo comparire nella sua casa
e dirgli: "Manda dei messi a Giaffa e fa' chiamare Si-
mone, soprannominato Pietro. 14Egli ti dirà delle pa-
role in cui troverai salvezza tu e tutta la tua casa".
15Mentre io cominciavo a parlare, lo Spirito Santo
scese su di loro, come era sceso su di noi all'inizio.
16Mi ricordai allora della parola del Signore quando
disse: "Giovanni ha battezzato con acqua, ma voi sa-
rete battezzati in Spirito Santo". 17Se dunque Dio ha
dato ad essi lo stesso dono che ha dato anche a noi,
che abbiamo creduto nel Signore Gesù Cristo, chi ero
io da potermi opporre a Dio?». 18Udito questo raccon-
to, si acquietarono e glorificarono Dio dicendo:
«Dunque, anche ai pagani Dio ha concesso che si
convertano per avere la vita!».

Antiochia. - 19Frattanto quelli che erano stati dispersi
per la persecuzione sopraggiunta al tempo di Stefano,

arrivarono sino in Fenicia, a Cipro e ad Antiochia, ma
non predicando la parola se non a Giudei. 20V’erano
alcuni di loro, originari di Cipro e di Cirene, i quali,
giunti ad Antiochia, predicarono anche ai Greci, an-
nunziando loro la buona novella del Signore Gesù.
21La mano del Signore era con essi e un gran numero
credette e si convertì al Signore. 22La notizia riguar-
dante costoro arrivò agli orecchi dei membri della
Chiesa di Gerusalemme e mandarono Bàrnaba ad An-
tiochia. 23Quando giunse e vide l’effetto della grazia
di Dio, si rallegrò, ed esortava tutti a rimanere con
animo fermo fedeli al Signore. 24Egli era infatti un uo-
mo buono, pieno di Spirito Santo e di fede. Così una
folla numerosa aderì al Signore. 25Egli poi partì per
Tarso a cercare Saulo 26e, trovatolo, lo condusse ad
Antiochia. Per un anno intero essi lavorarono insie-
me in quella Chiesa, istruendo una gran folla. Ad An-
tiochia per la prima volta i discepoli furono nominati
«cristiani».

Soccorsi per la fame a Gerusalemme. - 27In quei
giorni alcuni profeti discesero da Gerusalemme ad
Antiochia. 28Uno di essi, di nome Agabo, si alzò per
annunciare, per impulso dello Spirito, che vi sarebbe
stata una grande carestia su tutta la terra, quella che
poi avvenne sotto Claudio. 29Allora i discepoli, ciascu-
no secondo le sue possibilità, decisero di inviare aiuti
per i fratelli che abitavano in Giudea. 30Così fecero,
mandando i soccorsi agli anziani per mezzo di Bàrna-
ba e di Saulo.

12 **Persecuzione di Erode.** - 1Verso quel tempo il
re Erode prese a maltrattare alcuni membri del-
la Chiesa. 2Fece morire di spada Giacomo, fratello di

Giovanni. 3Vedendo che ciò era gradito ai Giudei,
mandò ad arrestare anche Pietro. Si era nei giorni de-
gli Azzimi. 4Catturato, lo pose in carcere, dandolo a
sorvegliare a quattro picchetti di quattro soldati cia-
scuno, con l'intenzione di farlo comparire davanti al
popolo dopo la Pasqua. 5Mentre Pietro era tenuto in
prigione, la Chiesa rivolgeva senza sosta preghiere a
Dio per lui. 6La notte precedente il giorno fissato da
Erode per farlo comparire davanti al popolo, Pietro
dormiva in mezzo a due soldati, legato con due cate-
ne, mentre le sentinelle davanti alla porta facevano la
guardia alla prigione. 7Ed ecco un angelo del Signore
gli si avvicinò e una luce risplendette nella cella. L'an-
gelo scosse Pietro a un fianco e lo svegliò dicendogli:
«Àlzati, presto!». Le catene gli caddero dalle mani.
8L'angelo gli disse: «Mettiti la cintura e légati i sanda-
li». Così fece. Poi gli dice: «Avvolgiti nel mantello e se-
guimi». 9E, uscito, lo seguiva, ma non si rendeva con-
to che era vero ciò che gli stava accadendo per mezzo
dell'angelo: gli sembrava piuttosto di vedere una visio-
ne. 10Oltrepassato il primo posto di guardia e il secon-
do, vennero alla porta di ferro che metteva in città. Es-
sa si aprì da sola davanti a loro. Uscirono e si avviaro-
no per una strada e improvvisamente l'angelo si dile-
guò da lui.

11Allora Pietro, rientrato in sé, disse: «Ora capisco
davvero che il Signore ha mandato il suo angelo e mi
ha liberato dalla mano di Erode e ha reso vana l'attesa
del popolo dei Giudei». 12Dopo aver riflettuto, si di-
resse verso la casa di Maria, madre di Giovanni so-
prannominato Marco, dove vi erano molti radunati e
in preghiera. 13Picchiò ai battenti del portone e una
serva di nome Rode s'accostò per sentire. 14Riconob-
be la voce di Pietro, ma per la gioia non aprì il porto-
ne e corse dentro per annunciare che Pietro stava da-

vanti al portone. 15Quelli le dissero: «Sei impazzita».
Ma lei continuava a sostenere che era così. E quelli
dicevano: «È il suo angelo». 16Intanto Pietro continua-
va a bussare. Aperto, videro che era lui e rimasero
sbalorditi. 17Fatto loro segno con la mano di tacere,
raccontò loro come il Signore lo aveva fatto uscire dal-
la prigione. Poi disse: «Comunicate questa notizia a
Giacomo e ai fratelli». Poi uscì e andò in un altro luo-
go.
18Fattosi giorno, vi fu un gran subbuglio tra i solda-
ti: che ne era di Pietro? 19Erode lo fece cercare e, non
avendolo trovato, interrogò le guardie e ordinò che
fossero portate al supplizio. Poi dalla Giudea discese a
Cesarea, dove si trattenne.

Morte di Erode. - 20Erode aveva un grave dissidio con
quelli di Tiro e di Sidone. Ma essi d'accordo si pre-
sentarono a lui e, avendo guadagnato alla loro causa
Blasto, ciambellano del re, sollecitavano la pace, poi-
ché il loro paese era rifornito di viveri dal paese del
re. 21Nel giorno stabilito Erode, rivestito degli abiti re-
gali e seduto in trono, tenne loro un'allocuzione. 22Il
popolo gridava: «Voce di Dio e non di un uomo!».
23Ma all'istante un angelo del Signore lo percosse,
perché non aveva dato gloria a Dio, e, divorato dai
vermi, spirò. 24Intanto la parola di Dio cresceva e si
moltiplicava. 25Bàrnaba e Saulo ritornarono da Geru-
salemme, avendo compiuto la loro missione, e porta-
rono con sé Giovanni, soprannominato Marco.

LA CHIESA TRA I PAGANI

13 **Missione di Bàrnaba e Saulo.** - 1C'erano nella
Chiesa stabilita ad Antiochia profeti e dottori:

Bàrnaba, Simeone detto il Nero, Lucio di Cirene, Ma-
naèn, educato insieme a Erode il tetrarca, e Saulo.
2Mentre essi prestavano servizio cultuale al Signore e
facevano digiuni, lo Spirito Santo disse: «Mettetemi
da parte Bàrnaba e Saulo per l'opera a cui li ho desti-
nati». 3Allora, dopo aver digiunato e pregato, impose-
ro loro le mani e li lasciarono partire.

**Primo viaggio missionario. Evangelizzazione di Ci-
pro.** - 4Essi, mandati in missione dallo Spirito Santo,
scesero a Seleucia e di là si imbarcarono per Cipro.
5Giunti a Salamina, vi annunciavano la parola di Dio
nelle sinagoghe dei Giudei. Avevano anche Giovanni
come aiutante. 6Attraversata tutta l'isola fino a Pafo,
trovarono un mago, uno pseudoprofeta giudeo, di no-
me Bar-Iesus, 7che stava col proconsole Sergio Paolo,
uomo intelligente. Costui fece chiamare Bàrnaba e
Saulo, perché desiderava ascoltare la parola di Dio.
8Ma Elimas, il mago (questo infatti è il significato del
suo nome), si opponeva loro cercando di distogliere il
proconsole dalla fede. 9Allora Saulo, detto anche Pao-
lo, pieno di Spirito Santo, fissandolo in volto disse:
10«Uomo ricolmo di ogni inganno e di ogni malizia, fi-
glio del diavolo, nemico di ogni giustizia, non la fini-
rai di distorcere *le vie rette del Signore*? 11Ed ora, ec-
co, la mano del Signore è su di te: resterai cieco e per
un certo tempo non potrai vedere la luce del sole». In
quell'istante buio e oscurità lo avvolsero ed egli anda-
va intorno cercando chi lo conducesse per mano.
12Allora il proconsole, vedendo ciò che era accaduto,
abbracciò la fede, colpito dalla dottrina del Signore.

Discorso ad Antiochia di Pisidia. - 13Paolo e i suoi
compagni s'imbarcarono da Pafo e giunsero a Perge di
Panfilia. Giovanni si separò da loro e ritornò a Geru-

salemme. 14Essi, partendo da Perge, con una traversa-
ta giunsero ad Antiochia di Pisidia. Il giorno di sabato
entrarono nella sinagoga e si posero a sedere. 15Dopo
la lettura della legge e dei profeti, i capi della sinagoga
mandarono a dir loro: «Fratelli, se avete qualche pa-
rola d'esortazione per il popolo, ditela». 16Allora Pao-
lo, alzatosi e fatto segno con la mano, disse: «Uomini
d'Israele e voi che temete Dio, ascoltate. 17Il Dio di
questo popolo d'Israele scelse i padri nostri ed esaltò
il popolo durante la sua dimora in Egitto, *e con opere*
prodigiose li condusse fuori da quella terra. 18Per cir-
ca quarant'anni *li assisté nel deserto*. 19*Poi distrusse*
sette popoli nella terra di Canaan e diede ad essi in
eredità la loro terra: 20tutto ciò nello spazio di circa
quattrocentocinquant'anni. Dopo diede loro dei giu-
dici fino al profeta Samuele. 21Poi chiesero un re e
Dio diede loro Saul figlio di Cis, della tribù di Benia-
mino, per quarant'anni. 22Dopo averlo deposto, su-
scitò loro un altro re, Davide, e gli rese questa testi-
monianza: *Ho trovato Davide*, figlio di Iesse, *secondo*
il mio cuore, che eseguirà tutti i miei voleri.

23Dalla sua discendenza Dio, secondo la promessa,
trasse un salvatore per Israele, Gesù. 24Giovanni pre-
parò la sua venuta predicando un battesimo di peni-
tenza a tutto il popolo d'Israele. 25E quando Giovanni
stava per compiere la sua missione, diceva: "Io non
sono ciò che voi pensate che io sia; ma ecco, viene
dopo di me uno a cui io non sono degno di slegare i
sandali".

26Fratelli, figli della stirpe di Abramo, e voi che te-
mete Dio, è a noi che è stato mandato questo mes-
saggio di salvezza. 27Infatti gli abitanti di Gerusalem-
me e i loro capi, rifiutando di riconoscere lui e non
comprendendo gli oracoli dei profeti che si leggono
ogni sabato, li hanno adempiuti, pronunciando la

sua condanna. [28]E pur non avendo trovato nessun
motivo di condanna a morte, chiesero a Pilato che
fosse ucciso. [29]Quando ebbero compiuto tutto ciò
che era stato scritto intorno a lui, lo deposero dal
patibolo e lo misero in un sepolcro. [30]Ma Dio l'ha ri-
suscitato dai morti [31]ed è apparso durante molti
giorni a quelli che erano saliti con lui dalla Galilea a
Gerusalemme, i quali ora sono suoi testimoni davan-
ti al popolo.

[32]E noi vi proclamiamo la buona novella: la pro-
messa fatta ai padri [33]Dio l'ha adempiuta per noi,
loro figli, facendo risorgere Gesù, come è scritto nel
salmo secondo: *Tu sei mio figlio, io oggi ti ho gene-
rato*. [34]Che poi lo abbia fatto risuscitare dai morti
così che non ritorni alla corruzione, lo ha detto af-
fermando: *Darò a voi le cose sante di Davide, quel-
le permanenti*. [35]Perciò dice ancora in un altro luo-
go: *Non permetterai che il tuo santo veda la corru-
zione*. [36]Davide infatti, dopo aver adempiuto nella
sua generazione la volontà di Dio, si addormentò,
fu sepolto con i suoi padri e vide la corruzione.
[37]Ma colui che Dio ha risuscitato non ha visto la
corruzione.

[38]Vi sia dunque noto, o fratelli, che per mezzo suo
a voi è annunciato il perdono dei peccati. E l'intera
giustificazione, che non avete potuto ottenere me-
diante la legge di Mosè, [39]per mezzo suo la ottiene
chiunque crede. [40]Guardate perciò che non si avveri
per voi la parola dei profeti:

[41]*Guardate, o spergiuri, stupitevi e allibite,*
perché io farò un'opera nei vostri giorni,
un'opera che non la credereste
se ve la raccontassero».

42All'uscita li pregavano di parlare loro di queste
cose anche nel sabato seguente. 43Scioltasi l'adunan-
za, molti Giudei e proseliti adoratori di Dio accompa-
gnarono Paolo e Bàrnaba, i quali, continuando a parla-
re loro, li persuasero a perseverare nella grazia di
Dio.

44Il sabato seguente quasi tutta la città si radunò
per ascoltare la parola di Dio. 45I Giudei, vedendo
quella folla, furono presi da gelosia e contraddicevano
alle cose dette da Paolo, bestemmiando. 46Allora Pao-
lo e Bàrnaba, pieni di ardire, dissero: «Era necessario
annunciare a voi prima di tutti la parola di Dio. Ma
poiché la respingete e non vi ritenete degni della vita
eterna, ecco, ci rivolgiamo ai pagani! 47Così infatti ci
ha ordinato il Signore: *Ti ho posto a luce delle genti*
perché tu porti la salvezza fino all'estremità della
terra».

48I pagani che ascoltavano ciò si rallegravano e glo-
rificavano la parola di Dio, e quanti erano preordinati
alla vita eterna abbracciarono la fede. 49La parola del
Signore si diffondeva per tutta la regione. 50Ma i Giu-
dei istigarono le donne devote della nobiltà e gli uo-
mini di primo piano della città, suscitarono una per-
secuzione contro Paolo e Barnaba e li cacciarono dai
loro confini. 51Essi allora, scuotendo la polvere dai lo-
ro piedi contro di essi, se ne vennero a Iconio, 52men-
tre i discepoli erano pieni di letizia e di Spirito Santo.

14 **Predicazione a Iconio e fuga.** - 1Anche a Ico-
nio entrarono nella sinagoga dei Giudei e par-
larono con tanta efficacia che un gran numero di Giu-
dei e di Greci abbracciarono la fede. 2Ma i Giudei in-
creduli eccitarono i pagani ed esasperarono i loro ani-
mi contro i fratelli. 3Ciò nonostante si trattennero

colà per molto tempo, parlando con coraggio nel Si-
gnore, che dava testimonianza alla predicazione della
sua grazia e concedeva che si compissero segni e pro-
digi per mano loro. 4La popolazione della città si divi-
se: alcuni stavano con i Giudei, altri con gli apostoli.
5Ma quando pagani e Giudei si mossero con i loro ca-
pi per maltrattarli e lapidarli, 6saputolo, si rifugiarono
nelle città della Licaonia, a Listra, a Derbe e nei din-
torni. 7E colà predicavano il vangelo.

Il paralitico di Listra. - 8Vi era un uomo in Listra in-
capace di reggersi in piedi, essendo zoppo fin dalla
nascita. Stava sempre seduto e non aveva mai fatto un
passo. 9Costui sentì Paolo mentre parlava. Paolo,
guardandolo fisso e vedendo che aveva fede per esse-
re guarito, 10disse a gran voce: «Àlzati diritto *sui tuoi*
piedi». Egli balzò su e cominciò a camminare. 11Le
turbe, vedendo ciò che Paolo aveva fatto, si misero a
gridare in licaonico: «Gli dèi in forma umana sono di-
scesi tra noi». 12E chiamavano Bàrnaba Zeus e Paolo
Ermes, poiché era il più eloquente.

13Intanto il sacerdote di Zeus, il cui tempio si trova-
va alle porte della città, condusse dei tori inghirlanda-
ti presso le porte e voleva offrire un sacrificio insieme
con la folla. 14Quando gli apostoli Bàrnaba e Paolo
vennero a sapere ciò, stracciando le loro vesti si pre-
cipitarono in mezzo alla folla gridando: 15«Uomini,
perché fate queste cose? Anche noi siamo esseri uma-
ni come voi, con le vostre debolezze, e vi predichia-
mo di convertirvi da queste cose vane al Dio vivente,
che ha fatto il cielo e la terra, il mare e tutto ciò che
in essi si trova. 16Egli nelle generazioni passate ha tol-
lerato che tutte le genti andassero per le loro strade.
17Ma non ha lasciato se stesso privo di testimonianza,
operando benefici, dandovi dal cielo le piogge e le sta-

gioni fruttifere, saziandovi di cibo e riempiendo di letizia i vostri cuori». [18]Dicendo ciò, a mala pena riuscirono a trattenere le folle dall'offrir loro un sacrificio.

[19]Ma giunsero dei Giudei da Antiochia e da Iconio, i quali si guadagnarono le folle e lapidarono Paolo e lo trascinarono fuori della città, pensandolo morto. [20]Ma quando i discepoli gli fecero cerchio intorno, egli si alzò ed entrò in città. Il giorno dopo partì con Bàrnaba per Derbe.

Conclusione del primo viaggio. - [21]Dopo aver evangelizzato quella città e fatto molti discepoli, tornarono a Listra, a Iconio e ad Antiochia, [22]fortificando gli animi dei discepoli ed esortandoli a perseverare nella fede, dicendo che è attraverso molte tribolazioni che dobbiamo entrare nel regno di Dio. [23]Per loro costituirono nelle singole chiese degli anziani e, dopo aver pregato e digiunato, li raccomandarono al Signore nel quale avevano creduto. [24]Attraversata la Pisidia, giunsero nella Panfilia [25]e, dopo aver predicato la parola a Perge, discesero ad Attalia [26]e di lì fecero vela per Antiochia, da dove erano stati raccomandati alla grazia di Dio per l'opera che avevano compiuto. [27]Giunti colà e radunata la Chiesa, annunciarono tutto ciò che Dio aveva compiuto per mezzo loro e come aveva aperto ai pagani la porta della fede. [28]Ivi rimasero non poco tempo con i discepoli.

15

Il problema della circoncisione. - [1]Or alcuni, discesi dalla Giudea, insegnavano ai fratelli:

---

15. - [1.] Alcuni Giudei divenuti cristiani andarono ad Antiochia a rivendicare i pretesi diritti del giudaismo sul paganesimo. Questi «giudaizzanti», affermando necessaria per la sal-

«Se non vi fate circoncidere secondo la legge di Mo-
sè, non potete essere salvi». 2Paolo e Bàrnaba insorse-
ro contro e ne nacque una controversia assai animata
con costoro. Perciò stabilirono che Paolo e Bàrnaba
con alcuni altri di loro salissero a Gerusalemme dagli
apostoli e dagli anziani per dirimere questa contro-
versia. 3Essi dunque, mandati dalla Chiesa, attraversa-
rono la Fenicia e la Samaria, raccontando la conver-
sione dei pagani e suscitando grande gioia in tutti i
fratelli. 4Giunti a Gerusalemme, furono accolti dalla
Chiesa, dagli apostoli e dagli anziani e narrarono
quanto Dio aveva fatto per mezzo loro. 5Allora si alza-
rono alcuni della setta dei farisei che avevano aderito
alla fede dicendo: «Bisogna circonciderli e imporre lo-
ro di osservare la legge di Mosè».

Discorso di Pietro. - 6Si radunarono allora gli apostoli
e gli anziani per esaminare la questione. 7Dopo una
vivace discussione, Pietro si alzò e disse loro: «Fratel-
li, voi sapete che già da molto tempo Dio mi ha scelto
tra voi perché per bocca mia i pagani ascoltassero la
parola del vangelo e venissero alla fede. 8Dio che
scruta i cuori ha reso loro testimonianza, dando loro
lo Spirito Santo proprio come a noi: 9non ha fatto al-
cuna distinzione tra noi e loro, purificando con la fe-

---

vezza l'osservanza della legge mosaica, annullavano praticamente la redenzione operata da Cristo e riducevano la Chiesa a una setta giudaica, minacciandone la stessa esistenza. Queste dottrine erronee furono occasione del concilio di Gerusalemme (circa l'anno 49-50), in cui la Chiesa si staccò decisamente dalla sinagoga, dichiarando che per la salvezza eterna è necessaria e sufficiente la redenzione operata da Cristo. L'errore, però, non finì lì, e Paolo ebbe a soffrire durante tutto il suo apostolato a causa dei giudaizzanti.

de i loro cuori. 10Or dunque, perché tentate Dio im-
ponendo sul collo dei discepoli un giogo che né i pa-
dri nostri né noi abbiamo potuto portare? 11È per la
grazia del Signore Gesù che noi crediamo di avere la
salvezza, allo stesso modo di loro». 12Tacque tutta la
moltitudine e ascoltavano Bàrnaba e Paolo che rac-
contavano quali miracoli e prodigi aveva fatto il Si-
gnore tra i pagani per mezzo loro.

Discorso di Giacomo. - 13Quando essi tacquero, Gia-
como prese la parola e disse: «Fratelli, ascoltatemi.
14Simone ha narrato come dall'inizio Dio ha avuto cu-
ra di scegliersi di tra le genti un popolo consacrato al
suo nome. 15Con ciò concordano le parole dei profeti,
come sta scritto:

16*Dopo di ciò ritornerò*
e ricostruirò la tenda di Davide
che era caduta,
ricostruirò i suoi sfasciumi
e la rimetterò in piedi,
17*affinché gli altri uomini cerchino il Signore,*
e tutte le genti sulle quali
è stato invocato il nome mio.
Così dice il Signore che fa queste cose,
18*note fin dall'antichità.*

19Perciò io ritengo che non bisogna inquietare colo-
ro che dal paganesimo si sono convertiti a Dio. 20Si
prescriva loro di astenersi dalle contaminazioni degli
idoli e dalla fornicazione, dalla carne di animali soffo-
cati e dal sangue. 21Perché Mosè fin dalle antiche ge-
nerazioni ha in ogni città coloro che lo predicano nel-
le sinagoghe, dove viene letto ogni sabato».

La lettera apostolica. - 22Allora parve bene agli apostoli e agli anziani, con tutta la Chiesa, di scegliere alcuni di loro e di mandarli ad Antiochia con Paolo e Bàrnaba, cioè: Giuda, chiamato Barsàbba, e Sila, uomini di primo piano tra i fratelli. 23Inviarono per mezzo loro questa lettera: «Gli apostoli e gli anziani ai fratelli di Antiochia, di Siria e di Cilicia che provengono dal paganesimo, salute. 24Poiché abbiamo sentito che alcuni di noi sono venuti a turbarvi con discorsi che hanno sconvolto i vostri animi, senza che noi avessimo dato loro alcun incarico, 25abbiamo ritenuto concordemente di scegliere alcuni uomini e di mandarli a voi con i nostri carissimi Bàrnaba e Paolo, 26che hanno esposto la loro vita per il nome del Signore nostro Gesù Cristo. 27Abbiamo mandato pertanto Giuda e Sila, ed essi a voce vi riferiranno le stesse cose. 28Infatti lo Spirito Santo e noi abbiamo deciso di non imporvi altro peso eccetto queste cose necessarie, 29cioè di astenervi dalle vivande sacrificate agli idoli, dal sangue, dalla carne di animali soffocati e dalla fornicazione. Farete bene a guardarvi da queste cose. State bene».

30Questi, preso congedo, scesero ad Antiochia e, radunata la comunità, trasmisero la lettera. 31Dopo averla letta, si rallegrarono del contenuto confortante. 32Giuda e Sila, essendo anch'essi profeti, con parecchi discorsi incoraggiarono i fratelli e li confermarono. 33Dopo essersi trattenuti un certo tempo con i fratelli, furono lasciati ritornare col saluto di pace da coloro che li avevano inviati. [34] 35Paolo e Bàrnaba si trattennero ad Antiochia insegnando e annunziando con molti altri la parola del Signore.

Secondo viaggio missionario. - 36Dopo alcuni giorni Paolo disse a Bàrnaba: «Torniamo a visitare i fratelli

in ogni città in cui abbiamo annunziato la parola del
Signore, per vedere come stanno». [37]Bàrnaba voleva
prendere con sé anche Giovanni, chiamato Marco.
[38]Ma Paolo giudicava che non fosse opportuno por-
tarselo dietro, perché li aveva abbandonati in Panfilia
e non aveva partecipato all'opera di evangelizzazio-
ne. [39]Vi fu un grosso litigio, così che si separarono.
Bàrnaba prese con sé Marco e salpò alla volta di Ci-
pro; [40]Paolo invece scelse per compagno Sila e partì,
raccomandato alla grazia del Signore dai fratelli. [41]E
attraversava la Siria e la Cilicia confermando le chie-
se.

16 **Timoteo nuovo compagno di Paolo.** - [1]Arrivò
anche a Derbe e a Listra. C'era là un discepo-
lo di nome Timoteo, figlio di una donna giudea, cre-
dente, ma di padre greco, [2]che era assai stimato dai
fratelli in Listra e Iconio. [3]Paolo voleva condurlo con
sé nei suoi viaggi e, presolo con sé, lo circoncise, a
causa dei Giudei che si trovavano in quelle regioni.
Tutti infatti sapevano che suo padre era greco. [4]Men-
tre viaggiavano di città in città, trasmettevano loro i
decreti sanciti dagli apostoli e dagli anziani in Geru-
salemme, perché li osservassero. [5]Le chiese si fortifi-
cavano nella fede e crescevano di numero ogni gior-
no.

Chiamata dalla Macedonia. - [6]Passarono poi per la
Frigia e la regione della Galazia, impediti dallo Spirito
Santo ad annunciare la parola nell'Asia. [7]Giunti ai
confini della Misia, tentavano di recarsi in Bitinia, ma
lo Spirito di Gesù non lo permise loro. [8]Allora, oltre-
passata la Misia, discesero a Troade. [9]Durante la notte
Paolo ebbe una visione: un macedone in piedi lo sup-

plicava dicendo: «Passa in Macedonia e aiutaci». [10]Su-
bito dopo la visione, cercammo di partire per la Ma-
cedonia, certi che Dio ci aveva chiamati per annun-
ciare loro il vangelo.

I primi convertiti a Filippi. - [11]Salpàti da Tròade, ci
dirigemmo verso Samotràcia e il giorno seguente a
Neàpoli. [12]Di là ci recammo a Filippi, che è la prima
città del distretto di Macedonia, ed è colonia. In que-
sta città facemmo una sosta di parecchi giorni. [13]Il sa-
bato uscimmo fuori della porta, presso un fiume dove
pensavamo che si facesse la preghiera. Ci mettemmo
a sedere e parlammo alle donne che vi erano raduna-
te. [14]Una donna, di nome Lidia, venditrice di porpora,
della città di Tiatira, che onorava Dio, stava in ascol-
to: il Signore le aprì il cuore perché potesse compren-
dere le cose dette da Paolo. [15]Dopo essere stata bat-
tezzata con tutta la famiglia, ci invitò con queste paro-
le: «Se mi giudicate fedele al Signore, venite a stare
nella mia casa». E ci costrinse ad accettare.

La schiava indovina. - [16]Or mentre ci recavamo alla
preghiera, ci venne incontro una schiava che aveva
uno spirito divinatorio, la quale procurava un forte
guadagno ai suoi padroni pronunciando oracoli. [17]Co-
stei si mise a seguire Paolo e noi e ci gridava dietro:
«Questi uomini sono i servi del Dio Altissimo, che vi
annunciano la via della salvezza». [18]La cosa si ripeté
per molti giorni. Paolo infine, seccato, rivoltosi allo

---

16 - [10.] Questo brusco passaggio dalla terza alla prima persona indica che da questo momento Luca, autore degli Atti, diventa compagno di Paolo. Luca forse si è fermato a Filippi, dato che in 16,18 ritorna il racconto in terza persona e riprende alla prima in 20,5 quando Paolo ripassa a Filippi.

spirito disse: «Ti comando, in nome di Gesù Cristo, di
uscire da lei». In quello stesso momento lo spirito se
ne uscì.

Imprigionamento e liberazione di Paolo e Sila. - 19I
padroni, vedendo che la speranza del loro guadagno
era svanita, presero Paolo e Sila e li trascinarono nella
piazza del mercato, davanti alle autorità. 20Li presen-
tarono ai magistrati e dissero: «Questi uomini metto-
no a soqquadro la nostra città: sono Giudei 21e predi-
cano usanze che non possiamo accogliere né pratica-
re, poiché siamo Romani». 22Allora la folla insorse
contro di loro e i magistrati, fatti strappare loro di
dosso i vestiti, comandarono che fossero bastonati.
23Dopo averli caricati di percosse li gettarono nella
prigione, ordinando al custode di custodirli con gran-
de cautela. 24Egli, a seguito di tale ordine, li gettò nel-
la parte più interna della prigione e assicurò i piedi lo-
ro ai ceppi.

25Verso la mezzanotte Paolo e Sila stavano pregan-
do e cantando inni a Dio, e gli altri prigionieri li ascol-
tavano. 26Ed ecco che improvvisamente vi fu un terre-
moto così violento da scuotere le fondamenta del car-
cere. Si apersero di colpo tutte le porte e si sciolsero
le catene di tutti i carcerati. 27Il custode della prigio-
ne, svegliatosi e viste aperte le porte della prigione,
tratta fuori la spada stava per uccidersi, pensando che
i prigionieri fossero fuggiti. 28Ma Paolo gridò a gran
voce: «Non farti del male, poiché siamo tutti qui».
29Allora chiese un lume, balzò dentro e tutto treman-
te cadde ai piedi di Paolo e di Sila. 30Poi li condusse
fuori e disse: «Signore, che cosa debbo fare per sal-
varmi?». 31Essi risposero: «Credi nel Signore Gesù e
sarai salvo tu e la tua famiglia». 32E annunciarono la
parola del Signore a lui e a tutti quelli della sua casa.

33Egli, a quell'ora della notte, li prese con sé, lavò loro
le piaghe e subito fu battezzato, lui e tutti i suoi. 34Poi
li condusse a casa sua, apparecchiò loro la tavola e si
rallegrò con tutta la sua famiglia perché aveva creduto
in Dio.

35Fattosi giorno, i magistrati mandarono i littori a
dire: «Lascia andare liberi quegli uomini». 36Il custo-
de della prigione riferì queste parole a Paolo: «I magi-
strati hanno mandato a dire di rilasciarvi. Ora dunque
uscite e andate in pace». 37Ma Paolo disse alle guar-
die: «Ci hanno bastonati pubblicamente e senza pro-
cesso, noi che siamo cittadini romani, e ci hanno get-
tato in prigione; e ora di nascosto ci cacciano via? Co-
sì no! Vengano essi stessi a metterci in libertà!». 38I
littori riferirono queste parole ai magistrati ed essi si
spaventarono, udendo che si trattava di cittadini ro-
mani, 39e vennero a fare le loro scuse. Poi li accompa-
gnarono fuori e li pregarono di allontanarsi dalla città.
40Usciti dalla prigione, entrarono in casa di Lidia e,
veduti i discepoli, li consolarono. Poi partirono.

17 Paolo a Tessalònica: contrasti con i Giudei.

1Percorrendo la strada che passa per Anfìpoli e
Apollònia, giunsero a Tessalònica, dove i Giudei ave-
vano una sinagoga. 2Secondo il suo solito, Paolo si
recò presso di loro e per tre sabati discusse con loro a
partire dalle Scritture, 3mostrando e sostenendo che il
Cristo doveva patire e risorgere da morte e che «quel
Gesù che io vi annuncio, questo è il Cristo». 4Alcuni
di loro si lasciarono convincere e aderirono a Paolo e
a Sila, come pure un buon numero di Greci timorati
di Dio e non poche donne tra le più in vista. 5Ma i
Giudei, mossi da invidia, fecero leva su alcuni facino-
rosi di piazza e provocarono un tumulto nella città. Si

presentarono alla casa di Giasone e li cercavano per tradurli davanti all'assemblea popolare.
[6]Non trovandoli, trascinarono Giasone e alcuni fratelli davanti ai politarchi gridando: «Quelli che hanno messo a soqquadro tutta la terra, eccoli ora anche qua,
[7]e Giasone li accoglie a casa sua! Tutti costoro agiscono contro le leggi di Cesare, dicendo che c'è un altro re, Gesù!».
[8]Con tali clamori eccitarono la folla e i politarchi.
[9]Essi si fecero dare la cauzione da Giasone e dagli altri e li rilasciarono.

Predicazione a Berèa e nuove difficoltà. -
[10]In gran fretta la notte stessa i fratelli fecero partire Paolo e Sila per Berèa. Costoro, appena vi giunsero, si recarono nella sinagoga dei Giudei.
[11]Questi erano più aperti di quelli di Tessalònica e accolsero la parola con ottime disposizioni. Ogni giorno interrogavano le Scritture, per vedere se le cose stessero veramente così.
[12]Molti di loro credettero e non pochi anche tra i Greci, donne di elevata condizione e un certo numero di uomini.
[13]Ma quando i Giudei di Tessalònica vennero a sapere che anche in Berèa era stata annunciata da Paolo la parola di Dio, vennero anche là per eccitare e sommuovere le folle.
[14]Subito allora i fratelli fecero partire Paolo in direzione del mare. Sila e Timoteo invece rimasero.
[15]Quelli che conducevano Paolo lo portarono fino ad Atene. Poi se ne ritornarono con l'ordine per Sila e Timoteo di raggiungerlo al più presto.

Paolo ad Atene. -
[16]Mentre Paolo li aspettava in Atene, il suo animo si infiammava di sdegno vedendo come la città era piena di idoli.
[17]Intanto discuteva nella sinagoga con i Giudei e con i timorati di Dio e anche nel mercato a ogni ora del giorno con quelli che vi ca-

pitavano. [18]Anche alcuni dei filosofi epicurei e stoici si misero a parlare con lui e alcuni dicevano: «Che cosa intende dire questo seminatore di chiacchiere?». Altri poi, sentendo che predicava Gesù e la risurrezione, dicevano: «Sembra essere un predicatore di divinità straniere». [19]Così lo presero e lo portarono all'Areopago dicendo: «Possiamo sapere qual è questa nuova dottrina che tu insegni? [20]Infatti le cose che tu dici ci suonano strane. Vogliamo dunque sapere di che si tratta». [21]Tutti gli Ateniesi, infatti, e gli stranieri residenti ad Atene non trovavano miglior passatempo che quello di riferire o di ascoltare le ultime novità.

Discorso di Paolo nell'Areopago. - [22]Allora Paolo, ritto in mezzo all'Areopago, disse: «Ateniesi, sotto ogni punto di vista io vi trovo sommamente religiosi. [23]Infatti, passando e osservando i vostri monumenti sacri, ho trovato anche un altare su cui stava scritto "Al Dio ignoto!". Orbene, quello che voi venerate senza conoscerlo, io vengo ad annunciarlo a voi: [24]*il Dio che ha fatto il mondo* e tutto *ciò che in esso* si trova. Egli è signore del cielo e della terra e non abita in templi fabbricati dagli uomini, [25]né riceve servizi dalle mani di un uomo, come se avesse bisogno di qualcuno, essendo lui che dà a tutti vita, respiro e ogni cosa. [26]Egli da un solo ceppo ha fatto discendere tutte le stirpi degli uomini e le ha fatte abitare su tutta la faccia della terra, fissando a ciascuno i tempi stabiliti e i confini della loro dimora, [27]perché cercassero Dio e come a tastoni si sforzassero di trovarlo, benché non sia lontano da ciascuno di noi. [28]In lui infatti viviamo, ci muoviamo e siamo, come hanno detto anche alcuni dei vostri poeti: "Di lui, infatti, noi siamo anche stirpe". [29]Essendo dun-

que noi della stirpe di Dio, non dobbiamo pensare
che la divinità sia simile a oro o ad argento o a pie-
tra, che porti l'impronta dell'arte e dell'immagina-
zione dell'uomo. 30Ma ora, passando sopra ai tempi
dell'ignoranza, Dio fa sapere agli uomini che tutti, e
dappertutto, si convertano, 31poiché egli ha stabilito
un giorno nel quale sta per giudicare il mondo con
giustizia, per mezzo di un uomo che egli ha designa-
to, accreditandolo di fronte a tutti, col risuscitarlo
da morte».
32Quando sentirono parlare di risurrezione dei
morti, alcuni lo canzonarono, altri dicevano: «Su que-
sto argomento ti sentiremo ancora un'altra volta».
33Così Paolo se ne uscì di mezzo a loro. 34Ma alcuni
uomini aderirono a lui e abbracciarono la fede. Tra es-
si c'era anche Dionigi l'areopagita, una donna di no-
me Damaris e altri con loro.

18 **A Corinto: fondazione della Chiesa.** - 1Dopo
di ciò Paolo partì da Atene e venne a Corinto,
2dove trovò un giudeo di nome Aquila, nativo del
Ponto, appena giunto dall'Italia con sua moglie Pri-
scilla, perché Claudio aveva ordinato che tutti i Giu-
dei se ne andassero da Roma. Paolo si recò da essi 3e,
poiché era dello stesso mestiere, rimase ad alloggiare
presso di loro e lavorava: infatti erano fabbricanti di

18. - 3. Le *tende* erano fatte di peli di capra o di cammello da cui risultava un tessuto ruvido detto *cilicio*, perché veniva dalla Cilicia. Paolo conosceva bene il mestiere, perché era comune a Tarso di Cilicia, dov'egli era nato e dove certamente l'imparò fin da piccolo, secondo l'uso farisaico d'insegnare sempre ai figli un mestiere manuale per potersi comunque guadagnare da vivere.

tende. 4Ogni sabato poi parlava nella sinagoga e cer-
cava di persuadere i Giudei e i Greci. 5Quando poi
Sila e Timoteo giunsero dalla Macedonia, Paolo si
diede tutto alla predicazione, attestando ai Giudei
che Gesù era il Cristo. 6Ma resistendo essi e lancian-
do bestemmie, egli scosse la polvere dalle vesti di-
cendo loro: «Il vostro sangue cadrà sul vostro capo:
io non ne ho colpa. Da questo momento andrò dai
pagani». 7E di là si trasferì presso un certo Tizio Giu-
sto, che onorava Dio, la cui casa era contigua alla si-
nagoga. 8Crispo, capo della sinagoga, credette al Si-
gnore con tutta la sua casa, e molti dei Corinzi che
avevano ascoltato Paolo credevano e si facevano bat-
tezzare. 9Il Signore una notte disse in visione a Pao-
lo: «Non temere, ma continua a parlare e non tacere,
10*perché io sono con te* e nessuno metterà le mani su
di te per farti del male; poiché c'è per me un popolo
numeroso in questa città». 11Così Paolo rimase per
un anno e sei mesi insegnando in mezzo ad essi la
parola di Dio.

Paolo di fronte al proconsole Gallione. - 12Mentre
Gallione era proconsole dell'Acaia, i Giudei si mosse-
ro unanimi contro Paolo e lo condussero davanti al
tribunale 13dicendo: «Costui induce la gente a onora-
re Dio in modo contrario alla legge». 14Paolo stava per
aprire la bocca, ma Gallione disse ai Giudei: «Se si
trattasse di un delitto o di un'azione malvagia, o Giu-
dei, vi ascolterei pazientemente, come è giusto. 15Ma
se si tratta di questioni di dottrina e di nomi e della
vostra legge, vedetevela voi: io non voglio essere giu-
dice di queste cose». 16E li mandò via dal tribunale.
17Allora tutti afferrarono Sòstene, capo della sinagoga,
e lo percossero davanti al tribunale: ma Gallione non
se ne preoccupava affatto.

Paolo ad Antiochia. Terzo viaggio missionario.
18Paolo, dopo essersi fermato ancora molti giorni, pre-
se congedo dai fratelli e salpò per la Siria, avendo con
sé Priscilla e Aquila. A Cencre si era fatto tagliare i ca-
pelli, poiché aveva fatto un voto. 19Giunsero a Efeso e
quivi li lasciò. Paolo, entrato nella sinagoga, incomin-
ciò a discutere con i Giudei. 20Essi gli chiesero di pro-
lungare il suo soggiorno, ma egli non acconsentì.
21Tuttavia prendendo congedo disse: «Ritornerò di
nuovo tra voi, se Dio lo vorrà». E partì da Efeso.
22Sbarcato a Cesarea, salì a salutare la Chiesa, quindi
discese ad Antiochia. 23Vi rimase un certo tempo, poi
partì, percorrendo successivamente le regioni della
Galazia e della Frigia e confermando nella fede tutti i
discepoli.

Il predicatore Apollo. - 24Frattanto capitò a Efeso un
giudeo di nome Apollo, nativo di Alessandria, che era
un uomo eloquente e ben ferrato nelle Scritture.
25Egli era stato istruito nella via del Signore e, pieno
di fervore, predicava e insegnava con esattezza le co-
se riguardanti Gesù, ma conosceva soltanto il battesi-
mo di Giovanni. 26Egli cominciò a predicare con fran-
chezza nella sinagoga. Priscilla e Aquila, dopo averlo
ascoltato, lo presero con loro e gli esposero con mag-
gior esattezza la via di Dio.
27E poiché egli desiderava passare in Acaia, i fratel-

---

18. Paolo, forse per mostrare ai Giudei che rispettava le usanze ebraiche, aveva fatto il voto temporaneo di nazireato, per cui doveva astenersi dal vino, non tagliarsi i capelli finché non avesse offerto il sacrificio a Gerusalemme. *Cencre*: porto di Corinto sul Mare Egeo.

22. Da Cesarea fece una visita sino a Gerusalemme, poi tornò ad Antiochia, da dove era partito.

li lo incoraggiarono e scrissero ai discepoli di fargli
buona accoglienza. Il suo arrivo e la sua presenza fu-
rono di grande giovamento a coloro che avevano cre-
duto per opera della grazia. 28 Infatti egli confutava vi-
gorosamente i Giudei in pubblico, dimostrando attra-
verso le Scritture che Gesù era il Cristo.

19 **Paolo a Efeso.** - 1 Mentre Apollo si trovava a
Corinto, Paolo, dopo aver attraversato le re-
gioni dell'altipiano, arrivò a Efeso, dove trovò alcuni
discepoli 2 ai quali domandò: «Avete ricevuto lo Spi-
rito Santo, quando avete abbracciato la fede?». Essi
gli risposero: «Non abbiamo neppure sentito dire
che vi sia uno Spirito Santo». 3 Egli allora chiese:
«Con che battesimo, dunque, siete stati battezza-
ti?». Quelli risposero: «Col battesimo di Giovanni».
4 Paolo disse allora: «Giovanni battezzò con un bat-
tesimo di penitenza, dicendo al popolo che occorre-
va credere a colui che sarebbe venuto dopo di lui,
cioè in Gesù». 5 Udite queste parole, furono battez-
zati nel nome del Signore Gesù. 6 Poi Paolo impose
loro le mani, lo Spirito Santo venne su di essi e co-
minciarono a parlare le lingue e a profetare. 7 Erano
in tutto circa dodici persone. 8 Paolo entrò nella sina-
goga e vi parlava con franchezza per tre mesi, te-
nendovi discussioni e cercando di persuadere su
quello che riguarda il regno di Dio. 9 Ma, poiché al-
cuni si indurivano nell'incredulità e sparlavano con-
tro la Via di fronte all'assemblea, si staccò da loro,
separò i discepoli e continuò a tenere le sue discus-
sioni ogni giorno nella scuola di Tiranno. 10 Così du-
rarono le cose per due anni, di modo che tutti gli
abitanti dell'Asia, sia Giudei che Greci, ascoltarono
la parola del Signore.

Miracoli di Paolo. Esorcisti giudei. - 11E Dio operava prodigi davvero straordinari per le mani di Paolo, 12fino al punto che si applicavano su malati fazzoletti o grembiuli che erano stati a contatto con lui, e le malattie si allontanavano da loro e gli spiriti maligni fuggivano.

13Anche alcuni esorcisti ambulanti giudei si provarono a invocare su coloro che avevano spiriti maligni il nome del Signore Gesù, dicendo: «Vi scongiuro per quel Gesù che Paolo va predicando!». 14Tra quelli che facevano così vi erano i sette figli di un certo Sceva, sommo sacerdote giudeo. 15Ma in risposta lo spirito malvagio disse loro: «Gesù lo conosco e Paolo so bene chi è: ma voi chi siete?». 16E scagliatosi contro di essi, quell'uomo in cui vi era lo spirito malvagio li sopraffece e li malmenò talmente che, nudi e feriti, se ne dovettero fuggire da quella casa. 17Ciò fu risaputo da tutti i Giudei e i Greci che abitavano Efeso: essi furono presi da timore e il nome del Signore Gesù veniva magnificato. 18Molti di quelli che avevano abbracciato la fede venivano riconoscendo e manifestando pubblicamente le loro pratiche malvagie. 19Non pochi di coloro che avevano esercitato le arti magiche ammucchiavano i loro libri e li bruciavano in presenza di tutti: l'ammontare del loro prezzo fu calcolato cinquantamila pezzi d'argento. 20Così la parola del Signore cresceva e si affermava potentemente.

Progetti di Paolo. - 21Dopo questi fatti, Paolo si pose in animo di andare a Gerusalemme, passando per la Macedonia e per l'Acaia, e diceva: «Dopo essere stato là, devo vedere anche Roma». 22Così inviò in Macedonia due dei suoi collaboratori, Timoteo ed Erasto. Egli rimase ancora un po' di tempo in Asia.

Tumulto di Efeso. - [23]Fu verso quel tempo che suc-
cesse un tumulto assai grave a proposito della Via.
[24]C'era infatti un argentiere di nome Demetrio, che
faceva dei tempietti di Diana in argento e procurava
agli artigiani non piccoli guadagni. [25]Egli radunò co-
storo insieme con quanti lavoravano intorno a oggetti
del genere e disse: «Amici, voi sapete che il nostro
benessere dipende da questa industria. [26]Ora voi ve-
dete e sentite che non soltanto in Efeso, ma in quasi
tutta l'Asia questo Paolo con i suoi ragionamenti ha
traviato moltissima gente, dicendo che non sono dèi
quelli che escono dalla mano dell'uomo. [27]E non sol-
tanto la nostra attività minaccia di cadere in discredi-
to, ma anche il tempio della grande dea Artèmide ri-
schia di perdere ogni prestigio, e colei che è onorata
da tutta l'Asia e il mondo intero finirà per essere spo-
gliata di tutta la sua grandezza». [28]Udite queste paro-
le, si riempirono di sdegno e gridavano: «Grande è
l'Artèmide degli Efesini». [29]La città fu tutta in subbu-
glio. Si precipitarono in massa verso il teatro trasci-
nando con sé Gaio e Aristarco, macedoni, compagni
di viaggio di Paolo. [30]Paolo voleva introdursi anch'egli
in mezzo all'assemblea popolare, ma i discepoli non
glielo permisero: [31]anche alcuni degli «asiarchi», che
erano suoi amici, mandarono a pregarlo di non espor-
si nel teatro. [32]Intanto chi gridava una cosa, chi un'al-
tra, e l'assemblea era tanto confusa che i più non sa-
pevano per che cosa si erano radunati. [33]Alcuni della
folla indussero a intervenire Alessandro, che i Giudei
avevano spinto avanti: egli, fatto cenno con la mano,
voleva pronunciare una difesa davanti al popolo. [34]Ma
avendo riconosciuto che era un giudeo, tutti si misero
a gridare a una sola voce per quasi due ore: «Grande
è l'Artèmide degli Efesini».

[35]Riuscito a calmare la folla, il cancelliere disse:

«Cittadini di Efeso, chi è mai quell'uomo che non
sappia che la città degli Efesini è la custode della
grande Artèmide e del suo simulacro caduto dal cie-
lo? 36Poiché dunque queste cose sono inconfutabili,
bisogna che voi stiate calmi e non facciate nulla di
sconsiderato. 37Ora, voi avete condotto qui questi uo-
mini che non sono né sacrileghi né bestemmiatori
della nostra dea. 38Se dunque Demetrio e gli artigiani
che sono con lui hanno accuse a carico di qualcuno,
per questo si fanno le udienze nel foro e ci stanno i
proconsoli: presenti dunque ciascuno le sue accuse.
39Se poi avete qualche altra richiesta, vi si darà soddi-
sfazione in un'assemblea regolare. 40Infatti noi corria-
mo il rischio di essere accusati di sedizione per ciò
che oggi è avvenuto, non essendovi alcun motivo con
cui possiamo dar ragione di questo comizio». E con
queste parole sciolse l'assemblea.

20 **Paolo in Macedonia, in Grecia e infine a
Troade.** - 1Dopo che fu cessato il tumulto, Pao-
lo fece chiamare i discepoli, rivolse loro una esorta-
zione, poi li salutò e partì per andare in Macedonia.
2Percorse quella regione, facendo molti discorsi di
esortazione, e giunse in Grecia. 3Passati tre mesi, ci
fu un complotto da parte dei Giudei, mentre stava per
imbarcarsi per la Siria, che lo decise a ritornare pas-
sando per la Macedonia. 4Lo accompagnarono fino in
Asia Sòpatro, figlio di Pirro, di Berèa, Aristarco e Se-
condo di Tessalònica, Gaio di Derbe e Timoteo, Tìchi-
co e Tròfimo, oriundi dell'Asia. 5Costoro ci precedet-
tero e ci aspettarono a Troade. 6Noi invece facemmo
vela da Filippi dopo i giorni degli Azzimi e arrivammo
presso di loro a Troade in cinque giorni, e là rima-
nemmo sette giorni.

A Troade: risurrezione di Eutico. - [7]Il primo giorno
della settimana eravamo radunati per spezzare il pa-
ne. Paolo, che doveva partire il giorno dopo, discorre-
va con essi e prolungò il discorso fino a mezzanotte.
[8]Vi erano molte lampade al piano superiore, dove era-
vamo radunati. [9]Ora, un ragazzo di nome Eutico, che
se ne stava seduto sulla finestra, mentre Paolo conti-
nuava a parlare senza sosta, venne preso da una
profonda sonnolenza e alla fine, vinto dal sonno, cad-
de dal terzo piano in terra e fu raccolto morto. [10]Allo-
ra Paolo scese, si buttò su di lui e abbracciandolo dis-
se: «Non turbatevi, perché la sua anima è in lui».
[11]Poi risalì, spezzò il pane e ne mangiò e, dopo aver
parlato ancora a lungo fino all'alba, partì. [12]Intanto ri-
condussero il ragazzo vivo e ne provarono una indici-
bile consolazione.

Da Troade a Milèto. - [13]Noi intanto, che già ci erava-
mo imbarcati, facemmo vela alla volta di Asso, dove
avremmo dovuto riprendere Paolo: così infatti ci ave-
va ordinato, volendo egli fare il viaggio a piedi.
[14]Quando ci raggiunse ad Asso, lo prendemmo a bor-
do con noi e arrivammo a Mitilène. [15]Di là salpammo
e l'indomani giungemmo di fronte a Chio; il giorno
dopo costeggiammo Samo e il seguente fummo a
Milèto. [16]Paolo infatti aveva ritenuto opportuno navi-
gare al largo di Efeso, perché non gli capitasse di do-
versi attardare in Asia. Voleva affrettarsi per trovarsi,
se possibile, nel giorno di Pentecoste a Gerusalemme.

A Milèto: discorso di addio. - [17]Da Milèto mandò dei
messi a Efeso a chiamare gli anziani della Chiesa.
[18]Quando giunsero presso di lui, disse loro: «Voi sape-
te come fin dal primo giorno in cui io arrivai nella
provincia di Asia mi sono sempre comportato con voi,

19servendo il Signore in ogni genere di umiliazione,
nelle lacrime e tra le prove che le insidie dei Giudei
mi hanno procurato. 20Non v'è nulla che vi potesse
giovare che io abbia trascurato di predicare e inse-
gnarvi in pubblico e nelle case. 21Ho scongiurato Giu-
dei e Greci di convertirsi a Dio e di credere nel Signo-
re nostro Gesù.

22Ora ecco che, avvinto dallo Spirito, sto andando a
Gerusalemme, non sapendo ciò che colà mi potrà suc-
cedere. 23Soltanto so che lo Spirito Santo di città in
città mi avverte che mi attendono catene e tribolazio-
ni. 24Ma non do alcun valore alla mia vita, purché io
termini la mia corsa e il ministero che ho ricevuto dal
Signore Gesù, di rendere testimonianza al vangelo
della grazia di Dio. 25Ora ecco, io so che voi non ve-
drete più il mio volto, voi tutti tra i quali io sono pas-
sato annunciando il regno. 26Perciò io vi attesto oggi
che, se qualcuno si perdesse, la responsabilità non ca-
drà su di me. 27Mai infatti io mi sono sottratto dall'an-
nunciarvi tutta intera la volontà di Dio. 28Vegliate
quindi su di voi stessi e su tutto il gregge in mezzo al
quale lo Spirito Santo vi ha stabiliti come sorveglianti,
per pascere la Chiesa di Dio, che si è acquistata con il
sangue del suo proprio Figlio. 29Io so che dopo la mia
partenza si introdurranno in mezzo a voi lupi rapaci,
che non risparmieranno il gregge. 30Tra voi stessi sor-
geranno individui che terranno discorsi perversi, per
trascinare i discepoli dietro a loro. 31Perciò vegliate,
ricordandovi che per tre anni notte e giorno non ho
cessato di ammonire, piangendo, ciascuno di voi.

32Ora io vi affido a Dio e alla parola della sua grazia,
che può edificare e dare l'eredità con tutti i santifica-
ti. 33Io non ho mai desiderato argento, oro o vesti di
nessuno. 34Voi sapete che alle mie necessità e a quel-
le di coloro che erano con me hanno provveduto que-

ste mie mani. 35 In ogni occasione io vi ho dimostrato
che è così, lavorando, che occorre prendersi cura dei
deboli, ricordandosi della parola del Signore Gesù che
disse: “C’è più felicità a dare che a ricevere”».
36 Dette queste cose, inginocchiatosi con tutti loro,
pregò. 37 Tutti allora scoppiarono in pianto, e gettan-
dosi al collo di Paolo lo coprivano di baci, 38 afflitti so-
prattutto per la parola che aveva detto, che non
avrebbero più riveduto il suo volto. Poi lo accompa-
gnarono fino alla nave.

21 **Da Milèto a Cesarea.** - 1 Quando ci fummo se-
parati da essi, prendemmo il largo e per la via
più diretta giungemmo a Cos, il giorno dopo a Rodi e
di là a Pàtara. 2 Avendo trovato una nave che stava per
passare in Fenicia, vi salimmo sopra e salpammo. 3 Av-
vistammo Cipro e la lasciammo alla sinistra, navigan-
do verso la Siria. Così giungemmo a Tiro, dove la na-
ve doveva deporre il suo carico. 4 Avendo trovato i di-
scepoli, ci trattenemmo colà sette giorni. Essi nello
Spirito dicevano a Paolo di non salire a Gerusalemme.
5 Ma quando fu spirato il tempo del nostro soggiorno,
ci mettemmo in cammino per partire, mentre essi ci
accompagnavano tutti, con le mogli e i figli, sin fuori
della città. Inginocchiatici sulla spiaggia, pregammo
6 e ci salutammo a vicenda. Quindi salimmo sulla na-
ve, mentre quelli se ne ritornarono alle proprie case.
7 Compimmo la nostra navigazione giungendo da Tiro
a Tolemaide. Qui, salutati i fratelli, rimanemmo un gior-
no presso di loro. 8 Il giorno dopo partimmo e giungem-
mo a Cesarea. Entrati nella casa di Filippo, l’evangeli-
sta, uno dei sette, ci fermammo presso di lui. 9 Egli ave-
va quattro figlie vergini, che avevano il dono di profe-
zia. 10 Eravamo là da più giorni, quando discese dalla

Giudea un profeta di nome Agabo, 11che, entrato presso
di noi, prese la cintura di Paolo, si legò i piedi e le mani
e disse: «Questo dice lo Spirito Santo: l'uomo a cui ap-
partiene questa cintura, a questo modo sarà legato dai
Giudei in Gerusalemme e consegnato nelle mani dei
pagani». 12All'udire queste cose, noi e la gente del luo-
go lo scongiuravamo di non salire a Gerusalemme. 13Al-
lora Paolo rispose: «Perché piangete così e mi spezzate
il cuore? Io sono pronto non solo a essere legato, ma an-
che a morire in Gerusalemme per il nome del Signore
Gesù». 14E poiché non c'era verso di persuaderlo, ci ac-
quietammo dicendo: «Sia fatta la volontà del Signore».

Paolo a Gerusalemme. Il nazireato. - 15Alcuni giorni
dopo, fatti i preparativi, salimmo a Gerusalemme.
16Vennero con noi anche alcuni dei discepoli da Cesa-
rea e ci condussero ad alloggiare presso un certo
Mnasòne di Cipro, un antico discepolo.

17Al nostro arrivo a Gerusalemme, i fratelli ci ac-
colsero con gioia. 18Il giorno dopo Paolo venne con
noi da Giacomo, e vi convennero pure tutti gli anzia-
ni. 19Dopo averli salutati, incominciava a raccontare
per filo e per segno ciò che Dio aveva operato tra i
pagani per mezzo del suo ministero. 20Essi, sentendo-
lo, glorificavano Dio. Poi gli dissero: «Vedi, o fratello,
quante migliaia di Giudei hanno abbracciato la fede,
e tutti sono zelanti osservatori della legge. 21Ora essi
hanno ripetutamente sentito dire a tuo riguardo che

---

21. - 21. Questa era una calunnia, perché Paolo, sebbene sapesse che la salvezza non si ottiene per la legge mosaica, ma per la grazia di Cristo, pure non aveva mai obbligato i Giudei ad abbandonare la loro legge. Pare che neppure Giacomo credesse alle calunnie che circolavano contro la predicazione di

tu insegni a tutti i Giudei che sono tra i pagani a distaccarsi da Mosè, dicendo loro di non circoncidere più i loro figli e di non comportarsi secondo gli usi tradizionali. [22]Che fare, dunque? Senza dubbio verranno a sapere che tu sei arrivato. [23]Fa' dunque ciò che noi ti diciamo: abbiamo qui quattro uomini che hanno un voto da sciogliere. [24]Tu prendili con te, fa' le purificazioni insieme ad essi e paga le spese per loro, affinché possano radersi il capo. Tutti sapranno così che le voci che hanno udito a tuo riguardo non sono vere, ma che anche tu cammini nell'osservanza della legge. [25]Quanto poi ai pagani che hanno abbracciato la fede, noi abbiamo inviato lettere con la decisione che si dovessero astenere dalle carni immolate agli idoli, dal sangue, dalla carne di animali soffocati e dalla fornicazione». [26]Allora Paolo prese con sé quegli uomini, il giorno seguente si purificò insieme con essi ed entrò nel tempio, per notificare il termine dei giorni della purificazione, quando sarebbe stato offerto il sacrificio per ciascuno di essi.

Sommossa nel tempio. Arresto di Paolo. - [27]I sette giorni stavano per compiersi, quando i Giudei dell'Asia, avendolo visto nel tempio, misero in subbuglio tutta la folla e posero le mani su di lui, [28]gridando: «Israeliti, aiuto! Questo è l'uomo che predica a

---

Paolo, e la sua proposta mirava solamente a facilitare un'intesa e forse una riconciliazione.

23. Si tratta del *voto* di nazireato (Nm 6,1-21). Il nazireo, dopo essersi astenuto dal vino e dalle contaminazioni, con i capelli lunghi andava al tempio ad offrire sacrifici. Se era povero cercava dei ricchi che gli facessero da padrini, pagando le spese. Paolo, esortato a far da padrino a tali nazirei, per mostrare il suo rispetto alla legge mosaica accetta il consiglio.

tutti e dappertutto contro il popolo, contro la legge e
contro questo santo luogo; ora ha introdotto persino
dei Greci nel tempio e ha profanato questo luogo
santo!». 29Infatti avevano visto in precedenza nella
città Tròfimo di Efeso insieme con lui e pensavano
che Paolo l'avesse introdotto nel tempio. 30Tutta la
città ne fu scossa e vi fu un accorrere di popolo. Im-
padronitisi di Paolo, lo trascinavano fuori del recinto
del tempio e subito furono chiuse le porte. 31Mentre
essi cercavano di ucciderlo, giunse la notizia al tri-
buno della coorte che tutta Gerusalemme era in sub-
buglio. 32Egli immediatamente prese dei soldati e
dei centurioni e scese di corsa verso di loro: questi,
visto il tribuno e i soldati, cessarono di percuotere
Paolo. 33Allora il tribuno, avvicinatosi, lo arrestò e
comandò che fosse legato con due catene, poi do-
mandò chi fosse e che cosa aveva fatto. 34Ma tra la
folla chi gridava una cosa, chi un'altra; e non riu-
scendo egli per il tumulto a capire con certezza di
che si trattava, comandò che fosse condotto nella ca-
serma. 35Quando fu sui gradini, dovette essere por-
tato di peso dai soldati per la violenza della folla.
36Infatti la moltitudine del popolo gli andava dietro
gridando: «Ammazzalo!».

37Mentre stava per essere condotto dentro alla ca-
serma, Paolo disse al tribuno: «Mi è lecito dirti una
cosa?». Quegli rispose: «Sai il greco? 38Non sei dun-
que tu l'egiziano che giorni fa ha provocato una som-
mossa e ha condotto nel deserto quattromila sicari?».
39Paolo disse: «Io sono un giudeo, cittadino di Tarso
in Cilicia, città non senza importanza. Ora ti prego,
permettimi di parlare al popolo». 40Ottenuto il per-
messo, Paolo, stando sui gradini, fece cenno con la
mano al popolo e, fattosi un gran silenzio, parlò in lin-
gua ebraica dicendo:

22 **Discorso di Paolo in sua difesa.** - 1«Fratelli e
padri, ascoltate quanto ora io vi espongo in mia
difesa». 2Udendo che parlava loro in ebraico, il silen-
zio si fece ancora più grande. Ed egli continuò: 3«Io
sono un giudeo, nato a Tarso, in Cilicia, ma educato
in questa città, istruito ai piedi di Gamaliele, nella ri-
gorosa osservanza della legge dei padri, pieno di zelo
per Dio, come lo siete voi tutti oggi. 4Io ho persegui-
tato a morte questa Via, mettendo in catene e gettan-
do in prigione uomini e donne, 5come me ne fa testi-
monianza anche il sommo sacerdote e tutto il consi-
glio degli anziani. Da essi avevo anzi ricevuto lettere
per i fratelli di Damasco e stavo andandovi per con-
durre incatenati a Gerusalemme anche quelli che si
trovavano là, perché vi fossero puniti.

6Or mentre io ero in viaggio e mi stavo avvicinando a
Damasco, verso mezzogiorno, all'improvviso una gran
luce venuta dal cielo mi sfolgorò tutt'intorno. 7Io caddi a
terra e udii una voce che mi diceva: "Saulo, Saulo, per-
ché mi perseguiti?". 8Io risposi: "Chi sei, o Signore?". E
mi disse: "Io sono Gesù il Nazareno, che tu perseguiti".
9Quelli che mi accompagnavano videro la luce, ma non
udirono la voce di colui che mi parlava. 10Io ripresi:
"Che debbo fare, Signore?". E il Signore mi disse: "Àl-
zati, va' a Damasco e là ti sarà detto tutto ciò che è sta-
bilito che tu faccia". 11Ma poiché non potevo più vedere
per lo splendore di quella luce, fui condotto per mano
dai miei compagni di viaggio e giunsi a Damasco.

---

22. - 6. La narrazione fatta al c. 9 è in generale più completa, ma qui Paolo fa notare alcuni particolari là non accennati e che servono a convincere gli uditori. Dice che il fatto avvenne verso mezzogiorno; riporta più parole d'Anania (vv. 14-16) e aggiunge l'apparizione di Cristo (v. 18). Le piccole differenze dei due racconti servono a chiarire il fatto.

[12]Un certo Anania, uomo devoto e osservante della
legge, stimato da tutti i Giudei che abitavano colà,
[13]venne a trovarmi e, standomi accanto, mi disse:
“Saulo, fratello, torna a vedere!”. E io nella stessa ora
riuscii a vederlo. [14]Egli disse: “Il Dio dei nostri padri
ti ha predestinato a conoscere la sua volontà, a vedere
il Giusto e a udire una parola dalla sua bocca, [15]poi-
ché tu renderai testimonianza a suo favore presso tut-
ti gli uomini di ciò che hai visto e udito. [16]E ora che
cosa aspetti? Àlzati, ricevi il battesimo e purìficati dai
tuoi peccati, invocando il suo nome”.

[17]Tornato a Gerusalemme, mentre stavo pregando
nel tempio, fui rapito in estasi [18]e vidi lui che mi dice-
va: “Presto, affrettati ad uscire da Gerusalemme, per-
ché non accetteranno la tua testimonianza riguardo a
me”. [19]Io replicai: “Signore, costoro sanno che io
mettevo in prigione e percuotevo, di sinagoga in sina-
goga, quelli che credevano in te: [20]e quando si versa-
va il sangue di Stefano, il tuo testimonio, anch’io ero
là presente ed ero d’accordo con coloro che lo uccide-
vano e ne custodivo le vesti”. [21]Ma egli mi disse:
“Va’, perché io ti manderò lontano, tra i pagani!”».

Paolo si dichiara cittadino romano. - [22]Fino a queste
parole lo avevano ascoltato, ma qui cominciarono a
gridare: «Via dal mondo costui: non ha il diritto di vi-
vere!». [23]E gridavano, si strappavano le vesti e getta-
vano polvere in aria. [24]Allora il tribuno fece condurre
Paolo nella caserma, ordinando di interrogarlo ricor-
rendo alla flagellazione, per sapere per quale motivo
gli gridassero contro a quel modo. [25]Ma quando l’eb-
bero legato con le cinghie, Paolo disse al centurione
presente: «Vi è lecito flagellare un cittadino romano,
e per di più non ancora giudicato?». [26]Udito ciò, il
centurione si avvicinò al tribuno per avvertirlo dicen-

do: «Che cosa stai per fare? Quest'uomo è romano!».
27Allora, avvicinatosi, il tribuno gli disse: «Dimmi, tu
sei romano?». Ed egli rispose: «Sì!». 28«Io — riprese il
tribuno — ho acquistato questa cittadinanza a caro
prezzo». E Paolo: «Io invece vi sono nato». 29E subito
si allontanarono da lui quelli che stavano per interro-
garlo. Anche il tribuno si intimorì, avendo saputo che
era romano, poiché lo aveva fatto legare.

Paolo di fronte al sinedrio. - 30Il giorno dopo, volen-
do sapere con certezza di che cosa i Giudei lo accusa-
vano, gli tolse le catene e ordinò che si radunassero i
sommi sacerdoti e tutto il sinedrio. Poi fece condurre
Paolo e lo presentò a loro.

23 1Con lo sguardo fisso al sinedrio, Paolo disse:
«Fratelli, io mi sono comportato davanti a Dio
in perfetta buona coscienza fino a questo giorno».
2Ma il sommo sacerdote Anania diede ordine agli assi-
stenti di percuoterlo sulla bocca. 3Allora Paolo gli dis-
se: «Dio sta per percuotere te, muro imbiancato! Tu
sei assiso per giudicarmi secondo la legge e violi la
legge ordinando di percuotermi?». 4Ma gli assistenti
dissero: «Tu insulti il sommo sacerdote di Dio?». 5Pao-
lo rispose: «Non sapevo, fratelli, che è sommo sacer-
dote. È scritto infatti: *Non parlerai male di un capo
del tuo popolo*».
6Paolo sapeva che una parte dell'assemblea era
composta di sadducei e un'altra di farisei, e gridò nel

---

23. - 6. Paolo, non potendo difendersi per gli animi eccitati, con abile mossa porta la discordia tra gli avversari, dichiarando d'essere accusato per ciò che credono i farisei: la *risurrezione*.

sinedrio: «Fratelli, io sono fariseo, figlio di farisei: io
sono sotto giudizio a motivo della speranza nella ri-
surrezione dei morti». 7Appena dette queste parole
scoppiò un tafferuglio tra farisei e sadducei, e l'assem-
blea si divise. 8I sadducei infatti dicono che non c'è
risurrezione né angelo né spirito, mentre i farisei am-
mettono tutte queste cose.

9Vi fu un gran gridare. Alcuni scribi del partito dei
farisei si alzarono a battagliare dicendo: «Non trovia-
mo alcun male in quest'uomo: e se uno spirito gli
avesse parlato, oppure un angelo?». 10Aggravandosi il
tumulto, il tribuno, temendo che Paolo fosse da quelli
fatto a pezzi, comandò alla truppa di scendere e por-
tarlo via di mezzo a loro e ricondurlo in caserma.

11La notte seguente il Signore gli si avvicinò e gli
disse: «Coraggio! Come hai reso testimonianza alla
mia causa in Gerusalemme, così devi testimoniare an-
che a Roma».

Congiura contro Paolo. - 12Fattosi giorno, i Giudei fe-
cero una congiura e si obbligarono con giuramento a
non mangiare né bere fino a che non avessero ucciso
Paolo. 13Erano più di quaranta quelli che avevano fat-
to questa congiura. 14Essi si presentarono ai sommi
sacerdoti e agli anziani e dissero: «Con giuramento ci
siamo obbligati a non prendere più alcun cibo, finché
non abbiamo ucciso Paolo. 15Or dunque, voi compari-
te di fronte al tribuno col sinedrio, affinché lo condu-
ca da voi, come per voler esaminare più accuratamen-
te il suo caso. E noi, prima che si avvicini, ci teniamo
pronti a ucciderlo».

16Ma il figlio della sorella di Paolo venne a sapere del-
l'insidia e, andato alla caserma, vi entrò e ne diede no-
tizia a Paolo. 17Paolo, fatto chiamare uno dei centurioni,
disse: «Conduci questo giovane dal tribuno, perché ha

qualcosa da comunicargli». 18 Quegli lo prese e lo con-
dusse dal tribuno e disse: «Il prigioniero Paolo mi ha
fatto chiamare e ha pregato che questo giovane ti fosse
condotto, perché ha qualcosa da dirti». 19 Presolo per la
mano, il tribuno lo condusse in disparte e lo interrogò:
«Che cos'hai da comunicarmi?». 20 Egli disse che i Giu-
dei si erano accordati per domandargli che il giorno ap-
presso conducesse Paolo nel sinedrio, col pretesto di
una interrogazione più accurata sul suo caso. 21 «Tu
dunque non fidarti di essi: infatti più di quaranta uomi-
ni dei loro gli tendono insidie e si sono obbligati con
giuramento a non mangiare né bere, finché non l'ab-
biano ucciso. Ora si tengono pronti, in attesa che tu di-
ca di sì». 22 Il tribuno congedò il giovane ordinandogli:
«Non dire a nessuno che mi hai rivelato queste cose».

Trasferimento a Cesarea. - 23 Chiamati poi due dei
centurioni, disse: «Preparatemi duecento soldati per-
ché vadano fino a Cesarea, e settanta cavalieri e due-
cento lancieri pronti a partire tre ore dopo il tramonto.
24 Preparate anche delle cavalcature per farvi salire Pao-
lo e condurlo in salvo presso il governatore Felice».
25 Scrisse anche una lettera di questo tenore: 26 «Clau-
dio Lisia a sua eccellenza il governatore Felice, salute.
27 Quest'uomo era stato preso dai Giudei. Stavano per
ucciderlo quando sopraggiunsi con la truppa e lo libe-
rai, avendo saputo che era cittadino romano. 28 Volendo
poi sapere la ragione per cui lo accusavano, lo condus-
si nel loro sinedrio, 29 e vidi che lo accusavano per que-
stioni controverse della loro legge, ma che non c'era
alcuna imputazione a suo carico che comportasse la
morte o le catene. 30 Essendo poi stato avvertito che si
stava tramando una congiura contro quest'uomo, subi-
to te l'ho mandato, facendo insieme sapere agli accusa-
tori di deporre contro di lui davanti a te. Sta' bene!».

[31]I soldati, secondo l'ordine ricevuto, presero in
consegna Paolo e lo condussero di notte ad Antipàtri-
de. [32]Il giorno dopo se ne ritornarono alla caserma, la-
sciando che i cavalieri proseguissero con lui. [33]Entrati
a Cesarea, consegnarono la lettera al governatore e gli
presentarono Paolo. [34]Avendola letta, lo interrogò di
quale provincia fosse. Saputo che era della Cilicia,
[35]gli disse: «Ti ascolterò quando saranno giunti anche
i tuoi accusatori». E ordinò che fosse custodito nel
pretorio di Erode.

24 **Processo di fronte a Felice: le accuse contro Paolo.** -

[1]Cinque giorni dopo arrivò il sommo
sacerdote Anania con alcuni anziani e un avvocato,
un certo Tertullo, i quali si costituirono davanti al go-
vernatore come accusatori di Paolo. [2]Paolo fu chiama-
to e Tertullo cominciò la sua accusa dicendo: «Aven-
do la fortuna, per merito tuo, di godere di grande pa-
ce e fruendo questo popolo di vantaggiose riforme
grazie alla tua preveggenza, [3]in tutto e per tutto, noi
te ne rendiamo lode, o eccellentissimo Felice, con
ogni gratitudine. [4]Ma per non importunarti più a lun-
go, ti prego di volerci ascoltare brevemente con quel-
la benevolenza che ti distingue. [5]Abbiamo trovato
questa peste d'uomo, che provoca sedizioni fra tutti i
Giudei del mondo intero ed è un capo della setta dei
Nazorei, [6]il quale ha perfino tentato di profanare il
tempio e l'abbiamo arrestato. [7] [8]Tu stesso, interro-

---

24. [6-7.] Parte del v. 6, tutto il v. 7 e la prima parte del v. 8 della Volgata sono omessi, perché si ritengono un'aggiunta. Eccoli dal latino: «Volevamo giudicarlo secondo la nostra legge, ma sopraggiunse il tribuno Lisia e ce lo strappò di mano con la violenza, ordinando ai suoi accusatori di presentarsi a te».

gandolo su tutte queste cose, potrai venire a sapere
da lui la verità su ciò di cui lo accusiamo». [9]Anche i
Giudei si univano a lui nell'accusa sostenendo che le
cose stavano proprio così.

Difesa di Paolo. - [10]Paolo, dopo che il governatore
gli fece cenno di parlare, rispose: «Sapendo che da
molti anni tu sei giudice di questo popolo, di buon
animo io mi accingo a difendere la mia causa. [11]Tu ti
puoi assicurare che non è più di dodici giorni che io
sono salito a Gerusalemme per fare adorazione.
[12]Non mi hanno trovato né nel tempio in disputa
con alcuno o a provocare subbuglio tra la folla, né
dentro le sinagoghe né per la città. [13]Non ti possono
portare le prove di ciò di cui ora mi accusano. [14]An-
zi ti confesso che io servo al Dio dei miei padri, se-
condo la Via che essi chiamano setta, credendo a
tutto ciò che è conforme alla legge e che è scritto
nei profeti. [15]Ho in Dio speranza, che anch'essi con-
dividono, che vi sarà una risurrezione dei giusti e
degli iniqui. [16]Perciò anch'io procuro di mantenere
una coscienza irreprensibile davanti a Dio e davanti
agli uomini, in ogni occasione. [17]Dopo molti anni, io
ora me ne sono venuto allo scopo di portare delle
elemosine al mio popolo e di offrire dei sacrifici.
[18]Così mi hanno trovato nel tempio, purificato, al di
fuori di ogni assembramento o tumulto. [19]Furono al-
cuni Giudei dell'Asia a trovarmi, quelli che avrebbe-
ro dovuto ora presentarsi qui ad accusare, se avesse-
ro qualcosa contro di me. [20]O questi stessi dicano se

---

10. Avutone l'ordine, Paolo si giustifica dalle accuse di essere turbolento (vv. 11-15), fondatore di una nuova setta (vv. 14-16), profanatore del tempio (vv. 17-19).

hanno trovato qualche cosa di riprovevole quando stavo davanti al sinedrio, 21se non questa sola parola che io ho gridato stando in mezzo a loro: "È a motivo della risurrezione dei morti che io sono oggi in giudizio di fronte a voi"».

Prigionia di Paolo a Cesarea. - 22Allora Felice, che era perfettamente informato sulle cose riguardanti la Via, li rinviò dicendo: «Quando verrà giù il tribuno Lisia esaminerò il vostro caso». 23E comandò al centurione di tenere Paolo prigioniero, ma di lasciargli una certa libertà e di non impedire ad alcuno dei suoi di rendergli servizio. 24Alcuni giorni dopo Felice venne con Drusilla sua moglie, che era giudea, fece chiamare Paolo e lo ascoltò parlare della fede nel Cristo Gesù. 25Ma quando si mise a parlare di giustizia, di continenza e del giudizio futuro, Felice, spaventato, disse: «Per ora puoi andare, quando avrò un'occasione ti richiamerò». 26Sperava persino che avrebbe potuto avere del denaro da Paolo. Perciò spesso lo faceva chiamare per intrattenersi con lui. 27Ma, trascorsi due anni, Felice ebbe come successore Porcio Festo; e volendo far cosa gradita ai Giudei, Felice lasciò Paolo in prigione.

25 **Paolo si appella a Cesare.** - 1Festo dunque, giunto nella provincia, tre giorni dopo salì da Cesarea a Gerusalemme, 2e comparvero davanti a lui i sommi sacerdoti e i principali dei Giudei, portando accuse contro Paolo. Lo pregavano 3chiedendogli il favore, in odio a Paolo, che lo facesse trasportare a Gerusalemme, per tendergli un agguato e ucciderlo durante il percorso. 4Festo rispose che Paolo era in prigione a Cesarea e che egli stesso sarebbe partito tra

poco: 5«Quelli dunque tra voi — disse — che hanno autorità, scendano con me, e se c'è in quell'uomo qualche colpa depongano contro di lui».

6Dopo essersi fermato tra loro non più di otto o dieci giorni, scese a Cesarea e il giorno dopo sedette in tribunale e comandò che gli fosse portato Paolo. 7Quando arrivò, i Giudei che erano discesi da Gerusalemme gli si fecero intorno, producendo molte e gravi accuse, che non potevano dimostrare. 8Paolo si difendeva affermando: «Non ho peccato né contro la legge dei Giudei né contro il tempio né contro Cesare». 9Allora Festo, volendo far cosa gradita ai Giudei, rivoltosi a Paolo gli domandò: «Vuoi salire in Gerusalemme e là essere giudicato di fronte a me riguardo a queste cose?». 10Ma Paolo replicò: «Sto dinanzi al tribunale di Cesare e qui mi si deve giudicare. Non ho fatto alcun torto ai Giudei, come anche tu sai molto bene. 11Se dunque ho commesso qualche ingiustizia o qualche delitto che merita la morte, non ricuso di morire; ma se non vi è nulla di ciò di cui essi mi accusano, nessuno può consegnarmi ad essi. Mi appello a Cesare». 12Allora Festo, dopo aver conferito con il suo consiglio, disse: «Hai appellato a Cesare, a Cesare andrai».

Festo e Agrippa. - 13Passati alcuni giorni, il re Agrippa e Berenice discesero a Cesarea e vennero a salutare Festo. 14E poiché vi si trattenevano alcuni giorni, Festo espose al re il caso di Paolo, dicendo: «C'è un

---

25. - 10. Paolo, come cittadino romano, aveva diritto d'appellarsi a Cesare, che allora (anno 60) era Nerone. Per non essere ucciso a tradimento fa uso del suo diritto, sottraendosi ai tribunali locali, e va a Roma per esservi giudicato dal tribunale dell'imperatore.

uomo che è stato lasciato in prigione da Felice.
15Quando sono stato a Gerusalemme, sono comparsi i
sommi sacerdoti e gli anziani dei Giudei portando ac-
cuse contro di lui e chiedendo la sua condanna. 16Io
risposi loro che non è costume dei Romani consegna-
re un uomo prima che l'accusato sia stato messo a
confronto con gli accusatori e abbia avuto la possibi-
lità di difendersi dalle accuse. 17Allora essi si raduna-
rono qui e, senza por tempo in mezzo, l'indomani mi
sedetti in tribunale e feci condurre quest'uomo.
18Messi alla sua presenza, gli accusatori non portaro-
no nessuna accusa di alcuno di quei delitti che io po-
tessi sospettare. 19Avevano con lui soltanto delle con-
testazioni su punti della loro religione, e riguardo a
un certo Gesù, morto, che Paolo asseriva essere vivo.
20Trovandomi imbarazzato davanti a una controversia
come questa, gli chiesi se voleva andare a Gerusalem-
me e là essere giudicato riguardo a queste cose. 21Ma
avendo Paolo interposto appello per essere riservato
al giudizio di Augusto, comandai che fosse custodito
in prigione, finché non possa inviarlo a Cesare».
22Agrippa disse a Festo: «Vorrei anch'io ascoltare que-
st'uomo». «Domani — disse — lo ascolterai».

Paolo di fronte ad Agrippa. - 23Il giorno dopo Agrip-
pa e Berenice vennero con grande pompa e, quando
furono entrati nella sala delle udienze con i tribuni e i
personaggi eminenti della città, Festo comandò di
condurre Paolo. 24Allora Festo disse: «Re Agrippa e
voi tutti che siete qui presenti, voi vedete colui per il
quale tutta la moltitudine dei Giudei si è rivolta a me,
tanto a Gerusalemme come qui, gridando che costui
non deve più vivere. 25Ma io ho accertato che egli
non ha fatto nulla che meriti la morte. Ma poiché egli
stesso si è appellato ad Augusto, ho deciso di inviar-

glielo. 26Sul suo conto non ho nulla di preciso da scri-
vere all'imperatore. Perciò l'ho condotto di fron-
te a voi, e soprattutto di fronte a te, o re Agrippa, per-
ché dopo questa interrogazione io abbia qualcosa da
scrivere. 27Mi sembra infatti assurdo mandare un pri-
gioniero senza indicare anche le accuse fatte a suo ca-
rico».

26 **Discorso di Paolo.** - 1Agrippa disse a Paolo: «Ti
è accordata la parola per difenderti!». Allora
Paolo, stesa la mano, incominciò a parlare in sua dife-
sa: 2«Da tutte le accuse che mi sono rivolte dai Giu-
dei, io mi stimo fortunato, o re Agrippa, di potermi
oggi difendere davanti a te; 3tanto più che tu conosci
assai bene i costumi e le controversie proprie dei Giu-
dei. Perciò ti prego di ascoltarmi con longanimità.
4Quale sia stato il mio tenore di vita fin dalla mia gio-
vinezza, trascorsa tutt'intera in mezzo al mio popolo
e nella stessa Gerusalemme, lo sanno bene tutti i Giu-
dei. 5Essi mi conoscono da lunga data e, se vogliono,
possono testimoniare che sono vissuto come fariseo,
secondo la setta più osservante della nostra religione.
6Ora mi trovo sotto processo per la mia speranza nella
promessa fatta da Dio ai nostri padri, 7quella promes-
sa di cui le nostre dodici tribù, servendo incessante-
mente Dio notte e giorno, attendono il compimento.
È per questa speranza che io sono accusato dai Giu-
dei, o re. 8Come mai vi può sembrare incredibile che
Dio risusciti i morti?

9Quanto a me, io ritenni di dover fare molte cose
contro il nome di Gesù di Nazaret. 10Ed è ciò che ho
fatto in Gerusalemme: molti dei santi li ho chiusi in
carcere con l'autorizzazione avuta dai sommi sacerdo-
ti, e quando si trattava di ucciderli io votavo contro di

